Oliver Hauswald

Mythos Patagonien
Tourismus und Imaginationen am Ende der Welt

Eichstätter Tourismuswissenschaftliche Beiträge   Band 6

Herausgeber Hans Hopfinger
Lehrstuhl für Kulturgeographie, Katholische Universität Eichstätt-Ingolstadt

Oliver Hauswald

Mythos Patagonien

Tourismus und Imaginationen am Ende der Welt

Profil

Anschriften:

Autor
Dipl.-Geograph Oliver Hauswald
c/o Lehrstuhl für Kulturgeographie
Katholische Universität Eichstätt-Ingolstadt
Ostenstr. 18
85072 Eichstätt
E-Mail: OliverHauswald@gmx.net

Herausgeber
Prof. Dr. Hans Hopfinger
Lehrstuhl für Kulturgeographie
Katholische Universität Eichstätt-Ingolstadt
Ostenstraße 18
85072 Eichstätt

Die Deutsche Bibliothek – CIP-Einheitsaufnahme

Mythos Patagonien – Tourismus und Imaginationen am Ende der Welt
Hauswald, Oliver – München : Wien : Profil 2006
(Eichstätter Tourismuswissenschaftliche Beiträge: Band 6)
ISBN: 3-89019-591-1

© 2006 Profil Verlag GmbH München Wien
Gestaltung: Alexandra Kaiser, Eichstätt
Druck und Bindung: PBtisk, s.r.o., www.pbtisk.cz
Printed in Czech Republic
ISBN 3-89019-591-1

Dieses Werk ist urheberrechtlich geschützt. Jede Verwertung außerhalb der engen Grenzen des Urheberrechtgesetzes ist ohne Zustimmung des Verlages unzulässig und strafbar. Dies gilt insbesondere für Vervielfältigungen, Übersetzungen, Mikroverfilmungen und Verarbeitung in elektronischen Systemen.

„*Es ist umsonst, wenn wir von einer Wildnis träumen, die in der Ferne liegt. So etwas gibt es nicht. Der Sumpf in unserem Kopf und Bauch die Urkraft der Natur in uns, das ist es, was uns diesen Traum eingibt. Nie werde ich im fernsten Labrador eine größere Wildnis finden als in einem Winkel in Concord, d.h. als die, welche ich dort hineintrage.*"

Henry David Thoreau, 1856

Vorwort

Das erste Mal besuchte ich Patagonien im Frühjahr 2001. Erst einen Monat vorher war ich in Chile angekommen, um dort ein Auslandssemester an der Universidad Católica de Valparaiso zu absolvieren. Als ich im Reisebüro den Flug nach Punta Arenas buchte, folgte ich weder einem Mythos noch konnte ich mir vorstellen was mich erwartete. Ich hatte mir einfach vorgenommen, meinen kurzen Aufenthalt so intensiv wie möglich zu nutzen, um Land und Leute kennen zu lernen. Die Reiseziele wählte ich nach den Empfehlungen meiner chilenischen Freunde aus.

Ein halbes Jahr später kehrte ich nach Deutschland zurück und in mir wuchs der Wunsch, mich auch in meiner Abschlussarbeit mit Chile zu beschäftigen. Bei der Suche nach einem geeigneten Thema stieß ich wieder auf Patagonien. Nach ersten Recherchen stellte ich fest, dass Patagonien nicht nur bei vielen Menschen eher unbekannt ist. Auch in der tourismuswissenschaftlichen Diskussion ist Patagonien kaum existent.

Um einen praxisnahen Einblick über die touristischen Angebotsstrukturen für Reisen nach Patagonien zu bekommen, absolvierte ich von August bis Oktober 2003 ein Praktikum bei Akzente Reisen. Dieser Reiseanbieter hat sich insbesondere auf Reisen nach Chile und Argentinien spezialisiert, weist somit ein großes Angebotsspektrum für Patagonienaufenthalte auf. Während des Praktikums war ich überwiegend mit der Konzeption und Erstellung von Reisekatalogen betraut und bekam somit einen Einblick in die Bild- und Textwelten der Reisebranche. Im Anschluss daran bin ich ein zweites Mal nach Patagonien gereist (November 2003 – Januar 2004), um die empirischen Daten, auf denen diese Arbeit basiert, zu erheben.

Seit Abgabe der Abschlussarbeit (auf der dieser überarbeitete Text basiert) im September 2004 ist einige Zeit vergangen. Weitere touristische Angebote sind hinzugekommen, und eine Fülle neuer (nicht wissenschaftlicher) Publikationen und Artikel zu Patagonien ist erschienen. Am bekanntesten ist dabei wohl der Reisebericht von Klaus

Bednarz „*Am Ende der Welt. Eine Reise durch Feuerland und Patagonien.*" Die gleichnamige, zweiteilige Fernsehreportage strahlte die ARD erstmals im Dezember 2004 aus. Es hat sich deutlich gezeigt, dass das „Ende der Welt" – sowohl basierend auf Grundlage der touristischen Situation vor Ort als auch in Bezug auf die mediale Berichterstattung – weiter an Bedeutung gewinnt.

Ich möchte mich an dieser Stelle bedanken bei Prof. Dr. Hans Hopfinger, Inhaber des Lehrstuhls für Kulturgeographie an der Katholischen Universität Eichstätt-Ingolstadt, für die Betreuung der vorliegenden Arbeit und seine Anregung und Ermutigung, sie auch zu veröffentlichen. Auch Dr. Jürgen Kagelmann gebührt Dank für die Durchsicht des Textes und seine konstruktiven Anmerkungen. Ebenso danke ich dem Team von Akzente Reisen, die mich nicht nur finanziell unterstützt haben. Ein weiteres Dankeschön an die sehr kooperativen Interviewpartner in Chile und insbesondere an Gaston, Felipe, Danny und Alejandro. Frau Alexandra Kaiser, Kartographin am Lehrstuhl für Kulturgeographie an der Universität Eichstätt-Ingolstadt, hat dankenswerter Weise die attraktive Gestaltung der Arbeit übernommen. Der größte Dank aber gebührt meinen Eltern für ihre Unterstützung sowie Ilka Köhler, die mit zahlreichen Anregungen, hilfreichen Korrekturen und insbesondere mit großer Geduld die Entstehung dieser Arbeit begleitet hat.

Oliver Hauswald   Sindelfingen, September 2005

Inhaltsverzeichnis

Vorwort 7

1	**Einleitung**	**11**
1.1	Imagination und Reisen	12
1.2	Vorgehensweise und Methodik	13
2	**Patagonien – ein geographisch-historischer Überblick**	**17**
2.1	Topographie und Klima	17
2.2	Patagonien im Spiegel der Historie	21
2.2.1	Entdeckung	21
2.2.2	Besiedlung und Entwicklung	22
2.2.3	Estancias	25
2.3	Namensgebung	26
3	**Tourismus in Patagonien**	**29**
3.1	Touristische Orte und Relevanzen	32
3.2	Kontext 1: Die Carretera Austral	35
3.3	Kontext 2: El Calafate, El Chaltén und die Ruta 40	37
3.4	Aussichten und Fallbeispiele	39
3.4.1	Fallbeispiel 1: Big Foot, Tour Operator	42
3.4.2	Exkurs: „Die Bibel der Reisenden"	43
3.4.3	Fallbeispiel 2: Hostal „La Estancia"	45
3.4.4	Fallbeispiel 3: Estancia Río Penitente	46
3.4.5	Fallbeispiel 4: Explora Hotel Salto Chico	47
3.4.6	Fallbeispiel 5: Der Torres del Paine Nationalpark	50
3.5	Fazit	55
4	**Grenzziehungen**	**58**
4.1	Historische Grenzziehungen	59
4.2	Rezente Grenzziehungen	61
4.3	Subjektive Grenzziehungen	63
4.4	Grenzen in Patagonien: „Wo die Straße aufhört…"	66
5	**Theoretische Grundlagen**	**68**
5.1	Mythos? Bemerkungen zur begrifflichen Abgrenzung	68

5.2	Zwischen neuen und touristischen Mythen – eine semiotische Spurensuche	72
5.3	Zwischen Peripherie und Authentizität – eine tourismustheoretische Lokalisierung Patagoniens	79

6	**Die Produktion Patagoniens**	**87**
6.1	„Fort nach Patagonien": Darstellungen in den Berichten Reisender	88
6.2	„Im Wilden Süden": Patagonien in Zeitungen und Zeitschriften	94
6.3	„Träume zu verkaufen": Das Patagonien der Reiseanbieter	100
6.3.1	Exkurs: Termas de Puyuhuapi	101

7	**Die Konsumption Patagoniens**	**104**
7.1	Die Reisenden	104
7.2	Der Ort	108
7.3	Die Motivation	109
7.3.1	Die Erfüllung eines Wunsches	109
7.3.2	Kontext 3: Patagonien als Lebenstraum	112
7.3.3	„Einmal die Magellanstraße sehen..."	113
7.3.4	Das Ende der Welt: „Das hört sich einfach gut an"	115
7.3.5	Grün... Die Vorstellungen von Natur	119
7.4	Erwartungen erfüllt?	122

8	**Tourismus in Patagonien: Zwischen Natur und Imaginationen – Ein Fazit**	**125**

Abbildungsverzeichnis	129
Tabellenverzeichnis	129
Literaturverzeichnis	130

1 Einleitung

> *„Es gibt nichts im klassischen Sinne, was eine Reise nach Patagonien wert wäre: keine Sandstrände, keine Paläste. Wanderer mögen bezaubert sein von Flüssen und Seen und den Wäldern aus verkrüppelten Buchen am Fuß der Andenkordillere. Bergsteigern gelten die patagonischen Gipfel als begehrenswert. Paläontologen suchen und finden Saurierknochen, Archäologen Spuren der Tehuelche-Indianer. Aber sonst? Das argentinische Patagonien ist Ödland, staubig und windig, manchmal auch kalt. Das chilenische Patagonien ist eine feuchte, von Urwäldern überzogene Insellandschaft, unzugänglich"* (DAUER 2004a, o. S.).

Dieser wenig einladenden Beschreibung stellt der Autor aber gegenüber, *„dass Patagonien bis heute ein magischer Ort geblieben ist"*. Ein magischer Ort, der scheinbar kaum Reizvolles offeriert, in den letzten beiden Dekaden aber einen enormen touristischen Zuwachs erfahren hat. Wie passt das zusammen?

Betrachtet man die Berichterstattung in den Medien, stellt man schnell fest, dass Patagonien einen besonderen Status innehat. Das ‚Ende der Welt' lockt mit unberührter Natur und grandioser Landschaft. Bezug nehmend auf eine Videospielkonsole formuliert es die Zeitschrift *Playboy* (KUHN 2003, S. 48) zeitgemäß: *„Perfekte Grafik, unfassbare Auflösung, lupenreines Scrolling. Patagonien ist die X-Box unter den Landschaften."*

Diese zum einleitenden Zitat konträren Äußerungen lassen schon eher erahnen, worin das touristische Interesse begründet liegt. Doch ist es nicht nur die Natur, die Touristen nach Patagonien lockt. Es ist auch die ‚Magie des Ortes', oder allgemeiner, die Imaginationen, die mit Patagonien verbunden sind. Der südlichste Teil Lateinamerikas ist mit Bedeutungen und Vorstellungen aufgeladen. Oft wird die Region gleichgesetzt mit einem *Mythos*. Patagonien, so schrieb es STOLZMANN (2002, o. S.) im Onlineportal der *Neuen Züricher Zeitung*, *„heißt sich zurückziehen in jenen Zustand, in dem noch nicht jedes Krümchen Erde, jeder Schritt und jeder Gedanke von irgendwem beansprucht wurde."* Das Land der individuellen Freiheit und Unberührtheit also?

Wie nur wenige andere touristische Destination bietet Patagonien eine Projektionsfläche für individuelle und gemeinschaftliche Imaginationen und Phantasien der Reisenden. *„Ich träume davon seit 15 Jahren"* (Interview T14), formuliert ein Tourist seine Motivation, dahin zu reisen. Nicht nur als physischer Raum, sondern auch als Land eigener und reproduzierter, kollektiver Vorstellungen ist Patagonien somit für die Touristen von Bedeutung.

1.1 Imagination und Reisen

> *„Unsere Träume bestehen vor allem aus Bildern,*
> *folglich werden Reiseträume mit Bildern beginnen"*
> (KLEINSTEUBER, 1997, S. 15).

Imaginationen, so definiert es SCHULTHEISS (1996, S. 6 f.) aus psychologischer Sicht, sind bildhafte Vorstellungen. Sie entstehen, wenn eine Person sich von den Reizeinflüssen der externen Umwelt ab- und sich den inneren Zuständen und Empfindungen hinwendet. Sie weisen Ähnlichkeiten mit Träumen auf, lassen sich aber im Gegensatz zu diesen bewusst gestalten und verändern. Auch von Tagträumen und Fantasien unterscheiden sich Imaginationen. Erstgenannte können mehr als bildhafte Vorstellungen beinhalten. Der Begriff Vorstellung ist ebenfalls nicht kongruent, da er nach SCHULTHEISS einen Bedeutungsüberschuss hat und auch für abstrakte Ideen und Konzepte gebraucht wird. Imaginationen sind aber nicht allein auf visuelle Reize beschränkt.

„Bildhafte Vorstellungen können innerhalb aller Sinnesmodalitäten auftreten und zwar einzeln oder auch in beliebigen Kombinationen als vorgestellte Geräusche, Gerüche, Geschmacks- und Bewegungsempfinden usw." (ebda).

Auch in der Geographie („imaginäre Geographie")[1] und in der tourismuswissenschaftlichen Debatte („imaginäre [Reise]Räume") hat der Begriff Einzug gehalten. Hier wird er aber umfassender gebraucht.

„Sites are never simply locations. Rather, they are sites for someone and of something", formulierte es SHIELDS (1991, S. 6), der als einer der ersten touristische Orte kollektiver Imaginationen untersuchte. BORGHARDT (2002, S. 55) weist in Anlehnung an ENZENSBERGER (1958) darauf hin, dass Imaginationen auf konkrete Räume projiziert werden. Als Beispiel führt er die Alpen an: *„Angesichts der Veränderungen in der städtischen Moderne [wurden] die Alpen Projektionsfläche für Sehnsüchte nach ganzheitlichen Harmonieräumen [...]"*. Individuelle Vorstellungen und Projektionen verdichten sich letztlich zu kollektiven Raumbildern. Diese, so WALLA (2004, S. 129)[2], treiben als

---

1 LOSSAU (2003; S. 109) beispielsweise fordert sogar auf zu einer Neubetrachtung von „geographischer Wirklichkeit". Da diese erst *„durch die Verhandlung geographischer Repräsentationen im Prozess der Verortung"* entstehe, kann keine Geographie *„mehr (aber auch nicht weniger) sein als eine imaginäre Geographie."*

2 Julia WALLA: Reise-Imaginationen. Ein Beitrag zur Imaginären Geographie anhand der Reisesendung Voxtours. Unveröffentlichte Diplomarbeit an der Mathematisch-Geographischen Fakultät der Katholischen Universität Eichstätt-Ingolstadt, 2004.

Motor die Produktion von Imaginationen an. In einem immerwährenden Kreislauf werden individuelle und kollektive Bilder produziert, modifiziert und reproduziert: *„Kollektive Bilder speisen Imaginationen – Imaginationen speisen kollektive Bilder."*

Die in der deutschsprachigen Tourismusdebatte wohl ausführlichste Diskussionsgrundlage zur Thematik Imagination und Reisen bietet Christoph HENNIG (1998a, o. S.):

„Der Tourismus erfindet die Symbolik seiner Orte. [...] Die touristischen Bilder entstammen dem kollektiven Fundus der imaginären Geographie – unserer nichtrationalen Sicht der Welt, die den Sehnsüchten und Ängsten, Phantasien und Mythen Raum gibt."

Für HENNIG (1999a, S. 94 f.) sind Imaginationen ein Überschuss an Phantasien, die im normalen Leben nicht aufgebraucht werden. Infolgedessen projiziert sie der Mensch auf Räume, beziehungsweise lokalisiert sie in Räumen. Reale Räume stimulieren dabei einerseits die Vorstellungen und dienen andererseits als Eingabe. Die Projektion von Wünschen, Vorstellungen und Emotionen auf Orte und Räume lässt somit eine symbolische oder auch imaginäre Geographie entstehen. Ein Beispiel sind die Vorstellungen von Südseeinseln. Viele verbinden damit neben Palmen, weißen Stränden und türkisfarbenem Wasser auch ein paradiesisches Leben.

Diese Projektionen sind so mächtig, dass ihr Auffinden ein primäres Ziel der Reise darstellt. Den Touristen gehe es nicht um eine objektive Erfahrung der Welt, konstatiert HENNIG (ebda, S. 11), vielmehr stünden die Imaginationen im Mittelpunkt. Gerade im Urlaub sollen Träume verwirklicht werden. *„Die Wahrheit der kollektiven Phantasien zu erleben"*, so HENNIG weiter (ebda, S. 95), sei wichtiger, als *„etwas vollständig Neues zu sehen"*.

1.2 Vorgehensweise und Methodik

Die vorliegende Arbeit nähert sich dem Tourismus in Patagonien unter zwei Gesichtspunkten. Auf der einen Seite stellt sie das „physische Patagonien" dar, also die infrastrukturellen Merkmale und Ausprägungen. Ein historischer Abriss bietet dabei neben dem Verständnis der ökonomischen Entwicklung auch die Grundlage, um aktuelle Strukturen und Prozesse einordnen zu können. Die touristischen Aktivitäten in Patagonien in ihrer ganzen Bandbreite darzustellen, würde den Rahmen dieser Arbeit jedoch sprengen. Es werden daher besonders prägnante Charakteristika herausgearbeitet, um dem Leser die Besonderheiten des Tourismus in der Region zu verdeutlichen.

Auf der anderen Seite untersucht die Arbeit Patagonien auch als Raum der Imaginationen. Es sind jene symbolischen Bedeutungen, die dem Raum eine besondere Faszination verleihen. Das ‚Ende der Welt', wie Patagonien auch häufig bezeichnet wird, ist nur ein Beispiel davon. Mit Hilfe semiotischer Modelle wird aufgezeigt, wie die Vorstellungen zu Patagonien (oder vereinfacht: der Mythos Patagonien), eingebettet in gesellschaftliche Idealvorstellungen von Natur und Reisen, eine imaginierte touristische Welt entstehen lassen.

Als ein verbindendes Element zwischen dem physischen und dem imaginären Raum kann die Abgrenzung Patagoniens gelten. Die Frage, wo es beginnt und aufhört, kann man nicht nur auf eine geographische Antwort beschränken. Sie manifestiert sich auch im imaginären Raum.

Aus Platzgründen können dabei aber nicht alle Aspekte *in extenso* dargestellt werden. Besonders der zweite Teil, der sich mit der sozialen Konstruktion und Perzeption Patagoniens beschäftigt, nötigt, um es mit den Worten SCHULZES (2003, S. 91) zu formulieren, *„zur Verdichtung und Vereinfachung"*. Denn *„ohne die Kunst des Abkürzens, Pointierens, Glättens lassen sich wesentliche Züge der sozialen Wirklichkeit nicht erkennen"*.

Patagonien besteht aus Chile und Argentinien. Der flächenmäßige Anteil Argentiniens ist dabei bedeutend größer. Diese Arbeit beschäftigt sich aber hauptsächlich mit dem chilenischen Teil Patagoniens, da die immense Größe der Region zu einer Konzentration auf bestimmte, touristisch relevante Kerngebiete zwingt. Der Verfasser hat sich entschieden, vorrangig im äußersten Süden Patagoniens, also vor allem in den Städten Punta Arenas, Puerto Natales und zu einem geringerem Umfang in El Calafate (Argentinien) zu recherchieren und Interviews durchzuführen. Dieses Vorgehen scheint legitim, denn im Vergleich attestieren XIE und SCHNEIDER (2004, S. 60) dem chilenischen Teil Patagoniens eine höhere Attraktivität.

> *„Geographically, the Patagonia region is located mainly in Argentina and extends to parts of Chile. However, Chilean Patagonia is seen as the most famous destination that offers all the dramatic landscape."*

Auch in den Interviews mit Touristen hat sich gezeigt, dass das chilenische Patagonien als touristisch interessanter empfunden wird:

> *„Patagonien in Argentinien ist nicht so toll. Chile ist besser. [...] Es ist langweiliger in Argentinien. Da ist viel mehr Steppe [...] also endlos, die Büsche wandern immer mit, ab und zu haben wir mal ein Lama oder Nandu gesehen, aber hier* [Chile] *ist es bei weitem grandioser"*, lautet die Einschätzung einer Touristin (Interview T1).

Durch das empirische Erkenntnisinteresse, dessen Fokus auf der touristischen Wahrnehmung der Region liegt, sind vor allem die subjektiven Sichtweisen der einzelnen Touristen bedeutsam. Folglich muss man „*hier die Subjekte selbst zur Sprache kommen lassen; sie selbst sind [...] die Experten für ihre eigenen Bedeutungsgehalte*" (MAYRING 2002, S. 66). Die vorliegende Arbeit basiert somit im Wesentlichen auf qualitativ geführten, problemzentrierten Interviews. Insgesamt wurden 15 davon mit deutschsprachigen Touristen geführt (vgl. Tabelle 4). Aufgrund mangelnder statistischer Daten über deutsche Patagonienreisende (z. B. Alter) erfolgte die Auswahl unsystematisch. Dies erscheint hier aber weniger problematisch, da vorrangig individuelle Vorstellungen und Imaginationen und weniger quantitative Aspekte im Zentrum des Interesses standen. Aufgrund der geringen Anzahl von Interviews wird auch kein Anspruch auf Repräsentativität erhoben.

Neben den Touristen- wurden auch Experteninterviews geführt. Die Experteninterviews dienen primär, mangels anderer Quellen[3], als Informationsquelle, um Strukturen und Prozesse des Tourismus in Patagonien aufzuzeigen. In Tabelle 1 sind alle Experten, ihre Funktion und der Ort des Interviews aufgeführt. Dabei wurden alle Personennamen geändert.

Die Interviews wurden in deutscher, englischer und spanischer Sprache geführt. Grundlage dieser Arbeit sind somit neben Statistiken vor allem Texte (auch in Form von Abbildungen) und damit, Bezug nehmend auf eine konstruktivistische Sichtweise, Repräsentationen der Realität (vgl. hierzu Kap. auch 5.2). Diese werden vom Verfasser interpretiert, bilden also Interpretationen von interpretierter Realität. Unterstellt man Texten als Repräsentationssystemen nicht nur eine definitive Leseart, sondern eine polysemantische Bedeutung (vgl. WUCHERPFENNIG et al. 2003, S. 74), wird deutlich, dass ein gewisses Maß an Subjektivität unvermeidbar ist. Schon allein die Methode des Interviewens hat eine Intersubjektivität zur Folge, d.h. Interviewer und Interviewte sind beide an der Konstruktion von Aussagen beteiligt (vgl. CLOKE et al. 2004, S. 150).

---

3   Nach Kenntnisstand des Verfassers ist Patagonien sowohl von der Kulturgeographie als auch von der Tourismuswissenschaft bisher nur wenig bis gar nicht beachtet worden. Es existieren einige wenige Arbeiten, die sich mit regionalgeographischen Aspekten beschäftigen (z. B. BORSDORF (1987) und HERMANN (2000) für die chilenische Region Aisén). ERIKSEN gibt in seiner 1970 erschienen Habilitationsschrift auch einige grundlegende Merkmale des Tourismus in Nordostpatagonien (v. a. im Gebiet um Bariloche) wieder. Die beiden Ethnologen DELABORDE und LOOFS (1978) zeichnen ein umfangreiches, nicht nur ihr Fachgebiet betreffendes Porträt der Untersuchungsregion. In Chile ist es vor allem der Historiker MARTINIC, der einen intensiven Einblick in die Geschichte seiner Heimat gibt.

Tabelle 1: Geführte Experteninterviews

	Name	Organisation	Ort des Interviews
E1	Martin	Reiseveranstalter	Deutschland
E2	Bernd	Reiseanbieter	Puerto Varas/Chile
E3	Francesca	Hotelkette	Santiago/Chile
E4	Klaus	Reiseanbieter	Puerto Varas/Chile
E5	Martina	Tourismusmarketing	Punta Arenas/Chile
E6	Claudia	Tourismusamt	Puerto Natales/Chile
E7	Felipe	Sernatur	Puerto Natales/Chile
E8	José	Tour Operator	Puerto Natales/Chile
E9	Louis	Hostalbetreiber	Puerto Natales/Chile
E10	Jorge	Hostalbetreiber	Punta Arenas/Chile

Quelle: Eigene Erhebung 2004

Es soll nicht der Anschein erweckt werden, dass hier eine endgültige und abschließende Darstellung der Thematik gegeben werden kann. Die soziale Realität erlaubt nicht nur eine einzige Leseweise:

„*Since the world or people are always more complex than any explication can reveal, and since there may be well a plurality of experience, there is no implication that the end-product is the one definite description or interpretation*" (POCOCK 1995, S. 11).

Die vorliegende Untersuchung möchte zusammenfassend zwei Aspekten gerecht werden. Einerseits stellt sie Patagonien als touristische Destination vor. Sie skizziert Akteure und Strukturen in ihrem touristischen Wirkungsgefüge. Andererseits möchte diese Arbeit einen Beitrag zur imaginären Geographie liefern, indem sie die räumliche Konstruktion, Projektion und Inkorporation subjektiver und kollektiver Raumbilder untersucht. Der eher skizzenhafte Charakter der Studie versteht sich dabei als Anregung sowohl für eine Fortführung der Untersuchung vor Ort, als auch für weitere Fallstudien, die sich mit Imaginationen und Tourismus beschäftigen.

2 Patagonien – ein geographisch-historischer Überblick

2.1 Topographie und Klima

Ohne hier die Frage der Definition und genauen Abgrenzung Patagoniens vorwegzunehmen (siehe dazu Kap. 4), kann man Patagonien grundlegend in einen westlichen (= chilenischen) und einen östlichen (= argentinischen) Teil gliedern. Westpatagonien ist vorrangig geprägt durch die patagonische Kordillere, als Abschluss der Andenkordillere auf dem amerikanischen Kontinent, und einem westwärts vorgelagerten Archipelkordon.

Im Gegensatz dazu ist das östliche Patagonien flächenmäßig bedeutend größer und ein zum Andenrand ansteigendes Stufenland. Durch den geringen Anstieg vermittelt es jedoch eher den Eindruck eines Tafellandes, unterbrochen nur von einigen Zeugenbergen (vgl. BORSDORF 1985, S. 83). Während Ostpatagonien also am ehesten das Bild einer weiten Ebene vermittle, so erinnere der westliche Teil eher an Skandinavien und die Alpen (vgl. ebda, S. 79).

Der südliche Teil Patagoniens liegt auf ungefähr gleicher (entgegengesetzter) Breite wie Deutschland (vgl. Abb. 2). Obwohl sich daraus eine klimatische Ähnlichkeit ableiten lässt (Westwinddrift), gibt es auch deutliche Unterschiede.

Durch die relative Nähe zur Antarktis kommt es in der Westwindzone der Südhemisphäre zu einem größeren Temperatur- und Druckgradienten. Daraus entwickeln sich höhere Windgeschwindigkeiten und eine intensivere Zyklogenese. Da es auf dieser Breite praktisch keine bremsenden Landflächen gibt, kommt es auch kaum zu Reibungsverlusten und damit zu einer stärkeren zonalen Stabilität mit vorherrschenden Großwetterlagen aus West, Nordwest und Südwest. (vgl. ENDLICHER 1991, S. 146). Für Punta Arenas wurde nachgewiesen, dass in fast 70 % der Ereignisse die Winde aus westlicher Richtung (SW, WSW, W, WNW, NW) kommen (vgl. IMG 1987, S. 21). Doch nicht nur die Windrichtung, auch die Geschwindigkeit ist entscheidend. ENDLICHER (1991, S. 148) stellte fest, dass mit zunehmender Entfernung von der Kordillere die Windgeschwindigkeit zunimmt: *„Die mittlere jährliche Windgeschwindigkeit ist mit 7,6 m/sec im offenen Ostpatagonien nahezu doppelt so hoch, wie im kordillerengeschützten Punta Arenas."* Die mittleren monatlichen Maxima liegen zwischen 10 und 12 m/sec. Als Vergleich führt ENDLICHER Freiburg an: Hier oszilieren die Werte im Jahresverlauf zwischen 2,3 und 3,3 m/sec. Der stete und starke Westwind kann somit als ein dominierendes klimatisches Charakteristikum Patagoniens gelten.

Ein weiteres Charakteristikum ist der starke Niederschlagsgradient zwischen West- und Ostpatagonien. Die Andenkordillere bildet mit ihrer Wasserscheide nicht nur die politische Grenze zwischen Chile und Argentinien, sondern stellt auch eine extreme Klimascheide dar. Während der westliche Teil, bedingt durch die bis zu 4000 m hohe Kordillere, mit redundanten Niederschlägen versorgt wird, fallen im östlichen Teil nur vergleichsweise geringe Mengen. Folgende Abbildung gibt einen Überblick über Profil, Niederschlagsverteilung und Vegetationszonen in Südpatagonien:

Abbildung 1:  Hygrisches Profil durch Südpatagonien bei 53° südlicher Breite

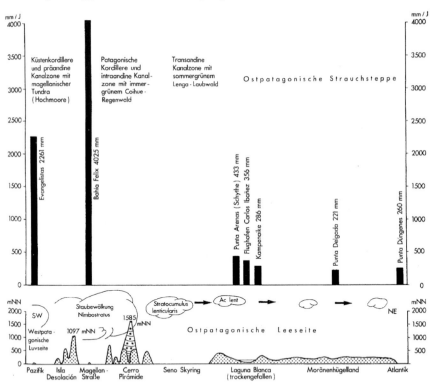

Quelle: ENDLICHER 1991, S. 143

Die Niederschlagsverteilung bedingt den starken Vegetationsgegensatz zwischen dem chilenischen Regenwald und der argentinischen Strauchsteppe. Dieser Wandel geschieht relativ abrupt und lässt auf geringer Horizontaldistanz verschiedene klimaökologische Vegetationszonen entstehen.

Doch nicht nur zwischen dem chilenischen und argentinischen Patagonien gibt es Differenzierungsmöglichkeiten. Auch Westpatagonien lässt sich in einen nördlichen und südlichen Bereich einteilen. Die Grenze bildet dabei das Campo de Hielo Sur (Südliches Eisfeld), welches den südlich davon gelegenen Teil Chiles vom Rest des Landes abschneidet. Zwar gibt es einen regelmäßigen Schiffs- und Flugverkehr sowie die Möglichkeit über Argentinien auszuweichen, es besteht aber bis heute keine terrestrisch-territoriale Straßenverbindung zwischen Puerto Montt und Punta Arenas.

Das chilenische Nordpatagonien, administrativ als Region Aisén[4] bezeichnet, wird häufig mit dem Begriff Carretera Austral gleichgesetzt. Die Carretera Austral (Südliche Landstraße) ist eine in weiten Teilen unbefestigte Straße, die eine Verbindung herstellt zwischen Puerto Montt und dem Ort Villa O´Higgins am Campo de Hielo Sur. Sie verbindet die sporadischen Pioniersiedlungen in diesem infrastrukturell wenig erschlossenen Gebiet mit der Provinzhauptstadt Coihaique.

Das chilenische Südpatagonien hingegen entspricht der Region Magallanes[5], und

„[…] *gerade dieser Teil* [ist] *so etwas wie ein »digest«, der Abschluss und zugleich eine verkleinerte Reproduktion des immensen Patagoniens. Wie auch im Norden teilen sich Anden und Pampa dieses Gebiet – aber hier treffen sie auf einer Breite von nur ein paar hundert Kilometern zusammen*" (Delaborde/Loofs 1978, S. 16).

In diesem Bereich dehnt sich das chilenische Territorium bis zum Atlantik hin aus und hat somit ebenfalls Anteil an der Trockensteppe. Südlich bzw. östlich davon trennt die Magellanstraße Feuerland vom Rest des Kontinents. Auf Feuerland setzt sich die Differenzierung zwischen Gebirge und Flachländern fort. Da allerdings die Kordillere nach Osten hin abknickt, befindet sich das Gebirge eher im SW, während die Ebenen vorrangig im NO zu finden sind. Weder natur- noch kulturräumlich stellt die Magellanstrasse somit eine Grenze zwischen Patagonien und Feuerland dar (vgl. Borsdorf 1985, S. 78).

Abbildung 2 gibt einen schematisierten Überblick über die Region, die administrative Gliederung und enthält als Vergleich Lagepunkte einzelner deutscher Städte in Relation zu ihrer geographischen Breite.

---

4 Der vollständige Name lautet: XI. Región Aisén del General Carlos Ibañez del Campo.
5 Der vollständige Name lautet: XII. Región de Magallanes y de la Antártica Chilena und verweist damit auch auf den antarktischen Teil, auf den Chile Anspruch erhebt.

Abbildung 2: Übersicht und administrative Gliederung der Südspitze Amerikas

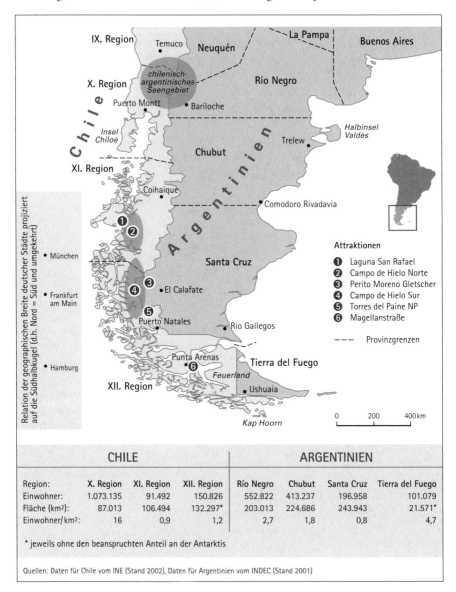

Quelle: Eigene Erstellung, mod. von A. Kaiser

2.2 Patagonien im Spiegel der Historie

> *„Die Geschichte wurde zu einer in Bewegung gesetzten Geographie. Umgekehrt kann heute die Geographie irgendeines Zipfels der Erde nicht ohne die Geschichte verstanden werden, die darauf ihre Spuren hinterlässt"* (DREYER-EIMBCKE 1996, S. 7).

2.2.1 Entdeckung

Am 20. September 1519 verließ eine Flotte von fünf Schiffen den Hafen von Sanlucar de Barrameda an der spanischen Südküste. Knapp drei Jahre später kehrte nur eines davon wieder in den Ausgangshafen zurück. Der Oberbefehlshaber kam zwar auf der Reise ums Leben, doch sein Name sollte in die Geschichte eingehen: *Fernando de Magallanes*[6]. Ihm werden die erste Weltumseglung und die Entdeckung jener berühmten Ostwest-Passage vom Atlantik in den Pazifik zugeschrieben, die später seinen Namen tragen sollte. Zudem gab er dem Pazifischen Ozean seinen Namen, obwohl die Ehre der Entdeckung wohl dem Spanier *Vasco Nuñez de Balboa* zufällt (vgl. DREYER-EIMBCKE 1996, S. 16–35)[7].

Magallanes fungierte auch als Namensgeber für die an die Magellanstrasse angrenzenden Gebiete. Das Gebiet nördlich wurde von ihm als Patagonien bezeichnet, die Region südlich nannte er Feuerland.

Weitere Seefahrer folgten ihm und entschlüsselten Stück für Stück die Geheimnisse der Südspitze des amerikanischen Kontinents. 1578 entdeckte der Engländer *Drake*, dass Feuerland nicht die Nordspitze von „Terra Australis incognita" ist, dem unbekannten Südkontinents, sondern lediglich eine Insel. Die nach ihm benannte Drake Passage ist eine circa 1000 Kilometer breite Durchfahrt zwischen der antarktischen Halbinsel und Feuerland.

1616 schließlich fanden die beiden Niederländer *Le Maire* und *Schouten* neben einer Durchfahrt (Le Maire Strasse) zwischen Feuerland und der Staaten Insel auch die ver-

---

6   Der aus Portugal stammende Fernáo de Magalháes nannte sich ab 1518 (im Dienst der spanischen Krone stehend) Fernando de Magallanes (vgl. DREYER-EIMBCKE 1996, S. 16 f.).
7   Zur besseren Übersichtlichkeit werden im Folgenden bis einschließlich Kapitel 2.2.3 die Quellen nicht gesondert ausgewiesen. Alle Angaben stammen von: BÄHR 1981, BENAVIDES et al. 1999, BORSDORF 1987, BRUSTAT-NAVAL 1975, BÜNSTORF 1992, COLOME/AGUILAR 2001, DREYER-EIMBCKE 1996, ENDLICHER 1991, IMG 1987, HOSNE 2002 und MARTINIC 1980.

meintlich letzten Inseln des Kontinents und benannten sie nach ihrer Heimatstadt Hoorn. Von da an galt Kap Hoorn als der südlichste Zipfel Amerikas, obgleich ein Spanier 1619 die nach ihm benannten circa 50 Seemeilen südwestlich gelegenen Diego Ramirez Inseln entdeckte.

Die Entdeckung der Magellanstrasse und Kap Hoorns eröffnete einen Seeweg an die amerikanische Westküste und in die Südsee, der bis zur Eröffnung des Panamakanals 1914 Bestand haben sollte. Die topogenen Besonderheiten der Region, insbesondere die häufigen Stürme, machten die Umrundung Südamerikas jedoch zu einem lebensgefährlichen Unterfangen.

„Bei Kap Hoorn liegt der größte Schiffsfriedhof oder das größte maritime Rostmuseum der Welt: 800 schwimmende Einheiten, vom Segler bis zum modernen Frachter. Mehr als 10.000 Seeleute ruhen auf dem Grund des Meeres" (DREYER-EIMBCKE 1996, S. 9).

Das Kap der Stürme und die Geschichten der Seefahrer prägen über Jahrhunderte hinweg die Vorstellungen vom Südzipfel Amerikas und üben bis heute ihre Faszination aus.

2.2.2 Besiedlung und Entwicklung

Bei Ankunft der Europäer war die Südspitze Amerikas bereits besiedelt. Zumindest für den chilenischen Teil Patagoniens lassen sich fünf präkolumbianische, indigene Gruppen[8] unterscheiden. Eine erste Besiedlung des Festlandes fand vor circa 11.000 Jahren statt, die ersten Siedlungsspuren auf Feuerland reichen 4.000 Jahre zurück.

Zu einem ersten europäischen Besiedlungsversuch Patagoniens kam es bereits im Jahre 1584. Von den Kaperfahrten *Drakes* verunsichert sandte der Vizekönig von Peru den aus Europa stammenden *Pedro Sarmiento de Gamboa* aus, um die Magellanstrasse zu schützen und das Einlaufen feindlicher Schiffe in den Pazifik zu unterbinden. Die Kolonisten waren den Elementen allerdings nicht gewachsen, und nur wenige Jahre später verstarb der letzte Siedler an dem später unter dem Namen Puerto Hambre (Hungerhafen) bekannt gewordenen Ort.

---

8 Die Selknam und Haush siedelten hauptsächlich auf Feuerland, die Aoenikenk auf dem Festland direkt nördlich davon, und die Kaweshkar und Yámana lebten als Wassernomaden auf den zahlreichen Inseln der Region. Eine weitere Differenzierung sowie unterschiedliche Namen für einzelne Gruppen sind möglich.

Um die territorialen Ansprüche nach der Erlangung der Unabhängigkeit zu wahren, ergriff Chile am 21. September 1843 Besitz von der Region und errichtete in der Nähe von Puerto Hambre das Fort Bulnes (Fuerte Bulnes). Nur fünf Jahre später zog man aber circa 60 Kilometer weiter nördlich an eine Stelle, die in englischen Seekarten als Sandy Point verzeichnet war, und nannte sie im Spanischen analog dazu Punta Arenas. Damit war der Grundstein für die Besiedlung und Kolonisation des südlichen Patagoniens gelegt. Im argentinischen Teil Patagoniens waren es walisische Immigranten, die sich 1865 als erste am Río Chubut niederließen und eine Ackerbaukolonie gründeten.

Interessant ist, dass sich die Besiedlung Westpatagoniens nicht, wie es zu erwarten gewesen wäre, von Norden ausgehend Richtung Süden vollzog. Die Gebiete nördlich des Campo de Hielo Sur wurden erst zu Beginn des 20. Jahrhunderts besiedelt. Nachdem der Grenzverlauf zwischen Chile und Argentinien 1902 geklärt war, kam es anfangs zu einer spontanen und ungelenkten Kolonisation einzelner Pioniere. Die Vergabe großer Landkonzessionen an Aktiengesellschaften sollte die Erschließung beschleunigen. Diese kamen ihren Verpflichtungen, die Region infrastrukturell und wirtschaftlich in Wert zu setzen, allerdings nur bedingt nach.

Punta Arenas diente anfangs, ähnlich wie später Ushuaia in Argentinien, als Sträflingskolonie. Mit dem Status eines Freihafens wurde es jedoch schnell zu einem lokalen Handelsplatz. Vor allem zwei Gründe sorgten für ein stetiges Wachstum:

1. Die interozeanische Schifffahrt: Insbesondere das Aufkommen der Dampfschifffahrt[9] bescherte der Magellanstrasse einen regen Verkehr. Fuhren 1871 nur 65 Dampfschiffe durch die Meerenge, so hatte sich ihre Zahl um 1900 ungefähr verzehnfacht. Punta Arenas diente dabei vor allem als Versorgungsstützpunkt.
2. Hinzu kam die beginnende wirtschaftliche Inwertsetzung des Landes. Neben der ab 1877 einsetzenden Schafzucht sorgten auch erste Bergbauaktivitäten (Gold, Kohle) für wirtschaftliche Anreize.

Mit dem wirtschaftlichen Aufschwung gingen auch erste Immigrationsschübe einher. Ab 1870 kamen europäische Immigranten in die Region. Tabelle 2 verdeutlicht, dass vor allem Kroaten, Briten und Spanier, aber auch Deutsche und Franzosen in die südlichste Provinz Chiles einwanderten.

---

9 Aufgrund mehrerer Engstellen und der starken Strömung mieden die schwerer manövrierbaren Segelschiffe die Magellanstraße.

Tabelle 2: Überblick über jährliche Zuzüge europäischer Immigranten in die Region Magallanes zwischen 1885 und 1920

Nationalität/Jahr	1885	1895	1907	1914	1920
Deutsche	90	126	447	500	333
Briten	291	378	1.190	1.400	1.154
Kroaten	9	359	1.761	2.200	1.693
Spanier	43	210	1.197	1.900	1.322
Franzosen	103	219	325	400	154
Italiener	7	148	428	600	370
Andere	212	206	571	600	397
Gesamtbevölkerung	k. A.	5.170	17.330	k. A.	28.960

Quelle: Eigene Zusammenstellung nach MARTINIC 1992, S. 845 und BENAVIDES et al. 1999, S. 19

Patagonien war somit von Anfang an ein multi-ethnisch geprägtes Gebiet. Neben dem sozialen Aspekt wirkte sich die Immigration auch räumlich aus. Deutsche Kolonisten beispielsweise besiedelten die Region um Puerto Natales gegen Ende des 19. Jahrhunderts, später folgten Engländer. Feuerland hingegen war bevorzugtes Siedlungsgebiet von Kroaten, die sich dort in Folge des Goldrausches von 1879 niederließen. Auffällig ist auch der schnelle Bevölkerungsanstieg. Innerhalb von nur 25 Jahren (1895–1920) hat sich die Zahl der Einwohner mehr als verfünffacht. Das lässt auf die wirtschaftliche Prosperität in jener Zeit schließen. Anders formuliert: Patagonien befand sich in einer „Goldgräberstimmung".

Für die indigene Bevölkerung blieb dabei kein Platz mehr. Analog zu anderen Gebieten Südamerikas, kam es auch hier zu einem Genozid an der indigenen Urbevölkerung. Krankheiten, versuchte Missionierung und teilweise eine durch Kopfgelder stimulierte, offene Jagd auf die als Nutzungskonkurrenten für die Schafzucht betrachteten Gruppen dezimierten diese rasch und führten dazu, dass sie heute ausgestorben sind.

In Argentinien wurde sogar regelrecht Krieg gegen die indigene Bevölkerung geführt. Die ‚Conquista del Desierto' (1879–80), die in Form eines militärischen Feldzuges den nördlichen Teil Patagoniens für die Kolonisation sicherte, ließ nur wenige Ureinwohner am Leben.

Neben der extensiven Großviehhaltung, lange Zeit wichtigste wirtschaftliche Einkommensquelle in der Region Magallanes, spielten ab 1945 die Erdölförderung und später die Erdgasgewinnung eine bedeutende Rolle. Alle drei sind auch heute noch wichtige wirtschaftliche Standbeine der Region. Hinzugekommen sind die Fischerei und der Tourismus. Sernatur (*Servicio Nacional de Turismo*), die staatliche chilenische Tourismusbehörde, geht sogar davon aus, dass der Tourismus mittlerweile zur wichtigsten Einnahmequelle in der Region Magallanes geworden ist[10].

Für den nördlichen Teil des chilenischen Patagoniens merkt BORSDORF (1987, S. 44) an, dass sich die

„Bevölkerungsentwicklung Aiséns durchaus mit der seiner südlichen Nachbarregion Magallanes vergleichen [lässt], *nur dass Aisén etwa 25 Jahre zurückliegt. Für diese zeitliche Verspätung ist die spätere Erschließung Aiséns, aber auch seine Landesnatur verantwortlich."*

Gleichzeitig räumt er ein, dass die *„Entwicklungschancen des erdölhöffigen und mineralreichen Südpatagoniens höher einzuschätzen* [sind] *als die des abseitig gelegenen, rein agrarisch strukturierten Nordwestpatagoniens".*

2.2.3 Estancias

1877 wurden die ersten Schafe von den Malvinas Inseln[11] in die Region um Punta Arenas gebracht. Schnell stellte sich heraus, dass die patagonische Steppe gut für die extensive Wollschafzucht geeignet ist. Zwar erlaubt die spärliche Vegetation nur eine Besetzung von einem Schaf pro Hektar, doch Platz gab es genug. Die Schafzucht wurde damit zum wichtigsten Entwicklungsmotor für die Region. Jene 300 Schafe, die 1877 importiert wurden, vermehrten sich bis 1918 auf mehr als 2,2 Millionen. Mit maximal 2,9 Millionen Schafen in der Region Magallanes war Ende der 1960er Jahre der Höchststand erreicht. Heute zählt man noch ungefähr zwei Millionen Schafe.

---

10 Für das erste Halbjahr 1999 wurde geschätzt, dass Einnahmen in Höhe von fast 71 Millionen US$ durch den Tourismus entstehen. Zwar würde die Methanolproduktion Einnahmen von mehr als 73 Millionen US$ generieren, doch, so die Autoren, kämen diese Mittel nicht der Region zugute (vgl. COLOME/AGUILAR, 2001, S. 132).
11 Die politisch zu Großbritannien gehörenden (aber vor Argentinien beanspruchten) Falkland Inseln sind hier mit dem spanischen Namen „Islas Malvinas" bezeichnet.

Als Folge der Schafhaltung entstanden schnell erste Estancias, anfangs im Bereich um Punta Arenas herum, ab 1885 dann auch auf Feuerland und in Argentinien im Bereich von Río Gallegos. Federführend waren dabei besonders englische und schottische Immigranten, die das Wissen um die Schafzucht aus ihrer Heimat mitbrachten.

Zu Beginn des 20. Jahrhunderts kam es dann zu massiven Konzentrationsprozessen des Weidelandes. Große Gesellschaften, *„deren größte in Chile, die Sociedad Explotadora del Tierra de Fuego, nicht weniger als 1,7 Mio. ha erwarb,"* (BORSDORF 1985, S. 91) prägten die Latifundisierung und somit die weitere wirtschaftliche Entwicklung.

Die Estancia als landwirtschaftlicher Großbetrieb ist bis heute ein Merkmal der patagonischen Kulturlandschaft geblieben. Bestehend aus verschiedenen Wohnhäusern, Verwaltungsgebäuden und dem *Galpón de Esquila* (Schurstall) bildet sie eine quasi autonome Einheit und dominiert in ihrer Abgeschiedenheit das rurale Hinterland. Neben der Wollgewinnung spielt dabei auch die Fleischproduktion eine Rolle. Um überleben zu können, haben sich viele Estancias in den letzten Jahren zusätzlich dem Tourismus geöffnet. Ein Beispiel dafür ist die Estancia *Rió Penitente*, die später noch ausführlicher vorgestellt wird (siehe Kap. 3.3.4).

2.3 Namensgebung

Im Gegensatz zu Feuerland, dessen etymologische Bedeutung kaum Fragen aufwirft[12], ist die Herleitung des Namens Patagonien umstritten und bis heute noch nicht abschließend geklärt. Als erster Anhaltspunkt wird oft Antonio PIGAFETTA zitiert. Der Augenzeuge und Chronist der Magellanschen Expedition vermerkt bei einer ersten Begegnung 1520 mit Einheimischen in der Bucht von San Julían: *„Unser Kapitän gab diesem Volk wegen seiner großen Füße den Namen Patagonier"* (PIGAFETTA 1968, S. 78). Die großen Füße stammen vermutlich von Guanakofellen. *„Mit der Haut des Tieres hatte der Riese seine Füße umwickelt"* (ebda), weshalb sie übergroß gewirkt haben dürften.

Als *Drake* 1578 in die Region kam, stellte er allerdings keinen überdurchschnittlichen Körperwuchs fest. Die Patagonier seien auch nicht größer als manche Engländer, so sein Fazit. *Schouten* hingegen will 1615 bis zu elf Fuß lange menschliche Gerippe gefunden haben (vgl. MUSTERS 1873, S. 342). Trotz widersprüchlicher Angaben war

---

12 Der Name geht zurück auf die Sichtung zahlreicher Feuerstellen bzw. von Rauch im Küstenbereich der Insel.

man in Europa eher geneigt, die Größe der vorgefundenen indigenen Bevölkerung als etwas Besonderes einzustufen. Eine Legende war geboren, und Patagonien wurde fortan zum Land der Großfüßler und Riesen. DREYER-EIMBCKE (1996, S. 33) sieht darin einen *„geographischen Mythos des ersten Entdeckungszeitalters"*, der bis in die zweite Hälfte des 18. Jahrhundert anhielt und sich vor allem in zahlreichen Kartenillustrationen niederschlug. Damit, so folgert er, war die Grundlage gelegt für ein Attribut, das bis heute nichts von seiner Faszination verloren hat: *„Patagonien – das ist ein Treibhaus von Geschichten und Legenden."* (ebda)[13].

Die Erklärung PIGAFETTAS für die Entstehung des Namens Patagoniens scheint zunächst verständlich, doch gibt es mittlerweile andere Thesen für die Herkunft des Namens. Das Wort *„pata"* steht im spanischen tatsächlich für Fuß, aber die Endung *„gon"* hat, wie schon CHATWIN (2001, S. 130) feststellte, wenig Sinn[14]. Zwar soll es in regionalen spanischen Dialekten auch heute noch das Wort *patacones* als eine Bezeichnung für Hunde mit großen Pfoten geben (vgl. HARRISON 2002, S. 18), doch verbreitete sich die spanische Sprache erst im Zuge der Kolonisierung. Wider besseren Wissens könnte sich damit, der Logik PIGAFETTAS folgend, ein Beweis für jene Theorie nachträglich selbst konstruiert haben. DAUER (2004 b, S. 17) verweist zudem auf einheimische indigene Sprachen (z. B. das andine Quechua), die ähnliche Wortbildungen hervorgebracht haben sollen.

Eine aktuelle Theorie geht von einer literarischen Vorlage für den Namen Patagonien aus: *„Gradually it has been prevailing the logical interpretation that the term comes from the giant PATAGON, a character from »Primaleon« [...]."* So die offizielle Erklärung von chilenischer Seite, die auf einer Einschätzung des Historikers Mateo MARTINIC basiert[15].

Auch CHATWIN (2001, S. 130) vermerkt, er wäre von einem argentinischen Gelehrten auf diese Verbindung aufmerksam gemacht worden. Demzufolge sei „Primaleon de Grecia" ein erfolgreicher Ritterroman des beginnenden 16. Jahrhunderts gewesen. Darin *„wird eine Insel beschrieben, auf der nicht nur ein Gigant namens Patagon, sondern auch ein Volk von Wilden lebt"* (DREYER-EIMBCKE 1996, S. 33). Das Buch erschien lange vor der Abreise von Magallanes. Ob er es tatsächlich kannte, ist historisch nicht eindeutig belegt. *„Es gibt viele eigenartige Theorien über den Ursprung des Namens dieses*

---

13 Gleiches Zitat findet sich, von einem anderen Autor, im ebenfalls 1996 erschienen MERIAN Heft: Chile, Patagonien, S. 75.
14 Manchmal wird auch auf „patas grandes", der korrekten spanischen Bezeichnung für große Füße, verwiesen. Eine nachvollziehbare Ableitung wird aber nicht gegeben.
15 Quelle: http://www.patagonia-chile.com

merkwürdigen Landes Patagonien, und vielleicht ist gerade die eigenartigste davon die wahre", fasst HARRISON (2002, S. 19) die Debatte zusammen.

Damit entzieht sich der Name Patagonien bislang seiner endgültigen etymologischen Ableitung und bildet Raum für subjektive Spekulationen. Doch ganz gleich, ob der Interpret die Quelle des Wortes in den Großfüßlern Pigafettas sieht oder an eine prosaische Analogie glaubt, das Element des Fantastischen bleibt erhalten. Es bildet ein Substrat und den Nährboden eben jenes „Treibhauses voller Legenden und Geschichten", von dem der Tourismus heute im Besonderen profitiert.

3 Tourismus in Patagonien

> "[...] denn Patagonien und Feuerland leben noch nicht im Zeitalter des Tourismus: es gibt dort weder Eisenbahnen oder gepflasterte Straßen noch Hotelpaläste, nur rein »funktionelle« Wege von einer Estancia zur anderen und hier und da eine traurige baufällige Wellblechbaracke, der man allerdings den Namen »Hotel« geben muß, denn er steht – meist mit den schönsten Schnörkeln – an ihrer brüchigen Fassade. Vielleicht treten Patagonien und Feuerland erst zu einer Zeit in die Touristenära ein, in der der Mensch schon der Erde müde geworden ist [...]" (DELABORDE/LOOFS 1978, S. 17).

Würden oben zitierte Ethnologen heute nach Patagonien reisen, müssten sie ihre Prognose revidieren. Die Südspitze des Cono Sur hat sich in den letzten Jahren, touristisch betrachtet, sehr dynamisch entwickelt.

Mit der Rückkehr zur Demokratie 1989 wurde Chile als Reisedestination für ein breiteres Publikum wieder attraktiv. Seit Beginn der 1990er Jahre ist der Tourismus als Einkommensquelle sowohl für Chile als auch für die Region Magallanes relevant. Für die primär auf Exportprodukten aufbauende chilenische Ökonomie stellt der Tourismus dabei eine wichtige Möglichkeit zur wirtschaftlichen Diversifizierung dar.

Abbildung 3: Wirtschaftliche Bedeutung des Tourismus in Chile 2003

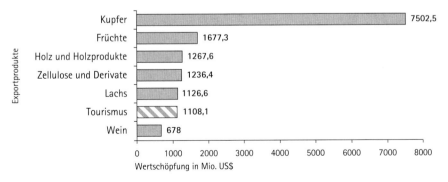

Quelle: Sernatur (2004): Anuario de Turimso 2003

Im Jahr 2004 wurden insgesamt 1.785.024 ausländische Besucher in Chile registriert. Gegenüber dem Vorjahr war dies ein Anstieg von 10%. Auch für 2005 zeichnet sich ein solcher Zuwachs ab, lag doch die Zahl der Einreisen bis April 2005 um etwa 11% höher als im vergleichbaren Vorjahreszeitraum. Parallel zur allgemeinen Entwicklung stieg auch die Zahl deutscher Touristen an. Nach einem kleinen Einbruch im Jahr 2002, der vor allem auf die Terroranschläge vom 11. September 2001 in den USA zurückzuführen sein dürfte, stieg die Zahl deutscher Chileurlauber in den Jahren 2003 und 2004 wieder stark an.

Abbildung 4: Anzahl deutscher Touristen, die nach Chile reisen

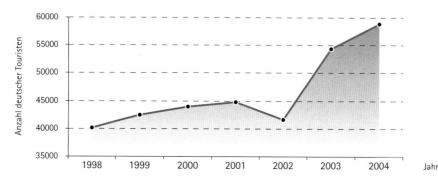

Quelle: Eigene Erstellung nach Daten von Sernatur

Diese Entwicklung wird auch durch verstärkte Marketingbemühungen forciert. Als erste Einzelregion in Chile überhaupt hat beispielsweise Magallanes eine eigenständige internationale Werbekampagne durchgeführt. Dieses gemeinschaftliche Projekt mit dem Namen *„La comercializatión de la Patagonia"* wurde finanziert von der Regionalregierung, der staatlichen Tourismusbehörde Sernatur und privaten touristischen Anbietern. Es endete nach zwei Jahren im Oktober 2003. Eine Weiterführung ist geplant[16], schon allein, um auf den wichtigsten Märkten in Europa und den USA präsent zu bleiben (Interviews E5 und E7).

Die Kampagne richtet sich vor allem an die Reiseanbieter und die Presse. Neben der Bereitstellung von Werbematerial und der Durchführung von „Roadshows", die die

---

16 Mit einem Budget von umgerechnet ca. 1,4 Millionen Euro soll die Kampagne ab 2004 weitergeführt werden (Interview E7).

Kontaktaufnahme zwischen internationalen und vor Ort ansässigen Anbietern vereinfachen sollen, werden auch Journalisten eingeladen und betreut.

Gerade Deutschland sieht das chilenische Marketing als „*Mercado Prioritario dentro del plan de marketing de Chile Turístico*" (Quelle: Sernatur)[17]. In Chile wird sogar von einer „*Conquista de Alemania*" (Eroberung Deutschlands) gesprochen, dabei soll die Werbung auch direkt an das Zielpublikum gerichtet werden (ebda).

Davon profitieren die deutschen Reiseanbieter. Akzente Reisen, nach eigenen Angaben umsatzstärkster Reiseveranstalter für Chile und Argentinien in Deutschland, konnte im Jahr 2003 den Umsatz um 40 Prozent steigern (Interview E1). Auch die Anbieter auf chilenischer Seite verzeichneten einen starken Anstieg für das Jahr 2003 (Interviews E2 und E3). Im argentinischen El Calafate schätzte man im Dezember 2003 den Anstieg der Touristenankünfte gegenüber dem Vorjahr auf ebenfalls 40 Prozent. Das wären 120.000 Touristen, die sich auf ungefähr 3.000 Gästebetten verteilten. Eine daraus resultierende theoretische Auslastung der Hotels von 99 Prozent lässt verstehen, warum das ein „*verano inolvidable*" (einen unvergesslicher Sommer) gewesen war (ARIAS 2003, o. S.).

Die Gründe für dieses Wachstum liegen einerseits in dem für Europäer günstigen Wechselkurs des US Dollars, mit dem in Chile und Argentinien die touristischen Dienstleistungen abgerechnet werden. Andererseits gilt Patagonien als eine sichere Destination, nicht nur was die Kriminalität vor Ort anbelangt. Durch die periphere Lage abseits terroristischer Bedrohungsszenarien besitzt die Region auch auf globaler Ebene einen Sicherheitsvorteil (Interview E1).

Die Möglichkeiten, Chile zu bereisen, kann man vereinfacht in drei Formen unterteilen:

- **Pauschal** – meist in Form von Gruppenreisen mit kompletter Organisation. Häufig werden dabei noch andere Regionen Chiles (Atacama Wüste oder Seengebiet) besucht. Als Beispiel kann die von Miller Reisen (Katalog Argentinien & Chile 2005) angebotene Gruppenreise „Naturwunder Patagoniens" dienen. Die 17 Tage dauernde Rundreise (Santiago, Seengebiet, Patagonien, Santiago) wurde ab 3.880,– € pro Person angeboten.

---

17 „*innerhalb des touristischen Marketingplans von Chile ist Deutschland als ein vorrangiger Markt bestimmt*" (eigene Übersetzung). Soweit nicht anders ausgewiesen stammen alle Angaben von Sernatur von der Internetseite (http://www.Sernatur.cl). Hier finden sich nicht nur aktuelle Mitteilungen, sondern auch touristische Jahrbücher sowie Statistiken zum Tourismus in Chile allgemein.

- **Semi-individuell** (oder semi-pauschal) – aus dem standardisierten Angebot eines Reiseanbieters kann der Kunde einzelne Bausteine (z. B. Mietwagenrundreisen) individuell zusammenstellen. Der Preis ist dabei abhängig von den gewählten Elementen. Bei Akzente Reisen zahlt man beispielsweise für eine 8-tägige Mietwagenrundreise im Torres del Paine und Los Glaciares Nationalpark ab 800,- € pro Person. Hinzu kommen die Kosten für Interkontinental- und Inlandsflüge sowie für weitere Bausteine (Akzente Katalog Chile/Argentinien 2004/2005).
- **Individuell** – die komplette Reise obliegt der persönlichen Gestaltung. Als Minimum sollte man dabei laut dem Reiseführer Lonely Planet für Reisen in Chile etwa 25,- US $ pro Tag und Person einplanen (ohne Flüge; vgl. Lonely Planet, Chile and Easter Island 2003, S. 43).

Doch selbst in Deutschland, immerhin stärkste europäische Entsendenation, ist Chile noch eine touristische Nische, die vorrangig kleinere, spezialisierte Anbieter besetzen. Sie kaufen ihre Pauschal- und Bausteinprogramme meist bei chilenischen Agenturen ein. Die gestalterischen Einflussmöglichkeiten auf Inhalt und Programm sind für die deutschen Anbieter damit eher gering.

Zwei dieser Agenturen vor Ort sind *ProTours* und *Aquamotion*, beide mit Sitz in Puerto Varas. Sie verkaufen ihre Reisen u. a. an Dertour, Miller Reisen, die Best of Gruppe, Meyers Weltreisen und Akzente Reisen (vgl. Interviews E2 und E4). Daher sind bei vielen deutschen Anbietern insbesondere die Gruppenreisen identisch.

Bei der Gestaltung der Angebote müssen bestimmte Punkte berücksichtigt werden: *„In Deutschland haben wir gemerkt, dass es eine Tendenz gibt hin zu Reisen so individuell wie möglich"*, erklärt Bernd (Interview E2) von ProTours. Nordamerikaner hingegen bevorzugen eher *all inclusive*. Doch nicht nur stärkere individuelle Gestaltungsmöglichkeiten prägen die Reisewünsche der Deutschen. Sie bringen mehr Zeit mit zum Reisen, dafür weniger Geld zum Ausgeben als beispielsweise die Nordamerikaner (Interview E4).

3.1 Touristische Orte und Relevanzen

Bei Durchsicht des deutschen Angebots an standardisierten Pauschalrundreisen nach Patagonien fällt auf, dass nur wenige Punkte für den Tourismus relevant sind.

Die Abbildung 5 gibt einen Überblick über touristisch bedeutsame Orte. Dabei steht das (pauschale) Rundreiseangebot deutscher Anbieter den Auswertungen der vor Ort geführten Interviews gegenüber.

Abbildung 5: Touristische Orte und ihre Relevanz (Reisekataloge n=38; Interviews n=15)[18]

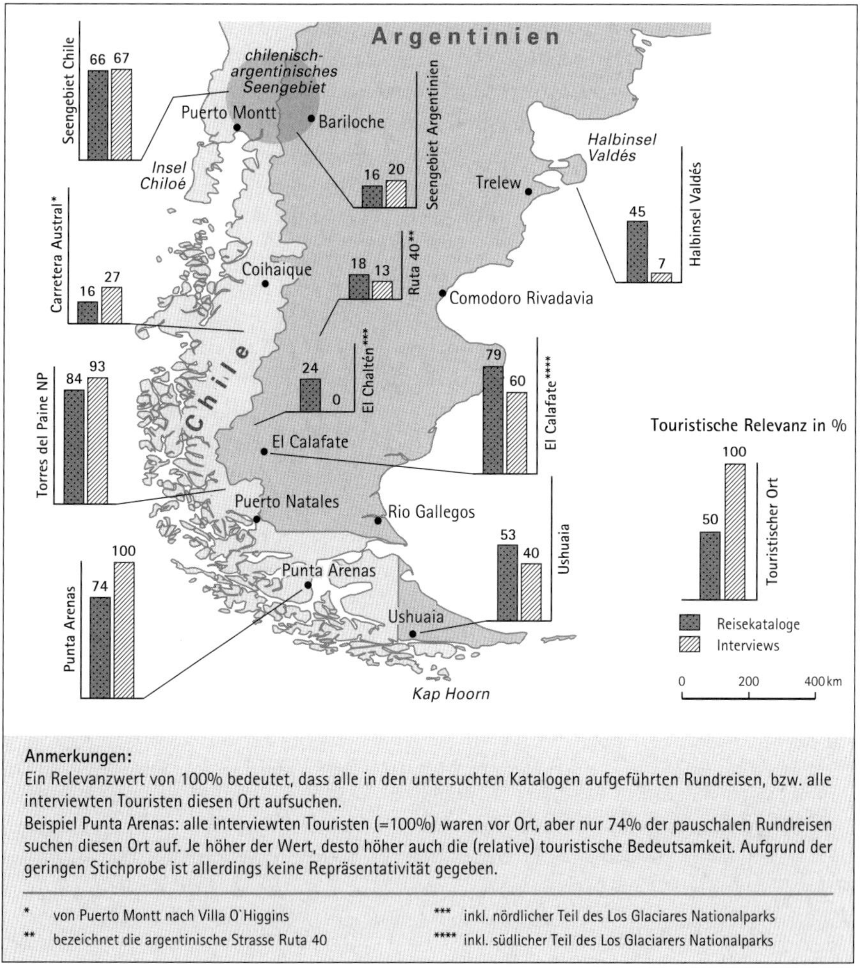

Anmerkungen:
Ein Relevanzwert von 100% bedeutet, dass alle in den untersuchten Katalogen aufgeführten Rundreisen, bzw. alle interviewten Touristen diesen Ort aufsuchen.
Beispiel Punta Arenas: alle interviewten Touristen (=100%) waren vor Ort, aber nur 74% der pauschalen Rundreisen suchen diesen Ort auf. Je höher der Wert, desto höher auch die (relative) touristische Bedeutsamkeit. Aufgrund der geringen Stichprobe ist allerdings keine Repräsentativität gegeben.

* von Puerto Montt nach Villa O'Higgins
** bezeichnet die argentinische Strasse Ruta 40
*** inkl. nördlicher Teil des Los Glaciares Nationalparks
**** inkl. südlicher Teil des Los Glaciarers Nationalparks

Quelle: Eigene Erstellung, mod. von A. Kaiser

18 Untersucht wurden 38 pauschale Rundreiseangebote in 15 verschiedenen Reisekatalogen (Miller Reisen, DERTOUR, Rotel Tours, Studiosus, Wikinger Reisen, Kondor Tours, Marco Polo, Chamäleon Reisen, One World, Kiwi Tours, Wigwam, Karawane Reisen, AKZENTE Reisen, Best of Chile, Ikarus Tours). Dabei wurden die Standorte aller Rundreisen erfasst, die zumindest teilweise Patagonien zum Ziel haben. Nicht erfasst wurden Mietwagenrundreisen, Hotel- oder Standortprogramme. Den daraus gewonnen Ergebnissen wurden die Auswertungen der Interviews gegenübergestellt. Zusätzlich wurde noch das chilenisch-argentinische Seengebiet aufgenommen.

Die Abbildung belegt, dass insbesondere der Süden Patagoniens touristisch relevant ist. Bei der Bedeutung eines Ortes spielt jedoch nicht immer das touristische Potenzial die ausschlaggebende Rolle. Häufig stellen nur die größeren Städte eine entsprechende Infrastruktur (Flughafen, Hotels, Reiseanbieter etc.). Das gilt insbesondere für Punta Arenas. Mehrere Flüge täglich nach Santiago ersparen den Touristen die umständliche Land- oder Seeanreise. Sie sorgen also einerseits dafür, dass große Distanzen in kurzer Zeit überwunden werden können und somit Rundreisen von der Atacama Wüste im Norden Chiles bis nach Patagonien möglich sind. Andererseits ist Punta Arenas damit das Tor für das chilenische Südpatagonien und insbesondere für den Torres del Paine Nationalpark.

Bei den Reiserouten kann man zwischen argentinischen und chilenischen Patagonienreisen unterscheiden. Je nachdem, ob man von Buenos Aires oder Santiago de Chile startet, unterscheidet sich der Reiseverlauf. Im Normalfall wird der Tourist auf das Land, in dem er beginnt, fixiert bleiben. Argentinische Patagonienreisende beispielsweise werden neben der Halbinsel Valdés und Ushuaia auch El Calafate aufsuchen. Den relativ nah gelegenen (chilenischen) Torres del Paine Nationalpark besuchen sie dabei aber nur selten[19].

Umgekehrt besteht eine chilenische Patagonienreise aus Punta Arenas, dem Torres del Paine Nationalpark und sehr oft einem Abstecher ins argentinische El Calafate, um den Perito Moreno Gletscher zu besuchen. Den chilenischen Teil Feuerlands besuchen die pauschal geführten Rundreisen nahezu nie, ebenso wenig Puerto Williams auf der Navarino Insel.

Für Südpatagonien lässt sich somit festhalten, dass der Torres del Paine Nationalpark zusammen mit dem Los Glaciares Nationalpark bei El Calafate die wichtigste Attraktion Patagoniens ist. Kein Reiseanbieter kann es sich erlauben, nicht wenigstens einen der beiden Parks zu besuchen. Man kann daher durchaus von einer *„patagonischen Achse von Calafate nach Ushuaia"* sprechen. *„Dieses Gebiet wird sich in der Zukunft zu einem großen Tourismuspol entwickeln"*, ist sich Jorge (Interview E 10) sicher.

---

19 Ansonsten muss der Nationalpark als Anschlussprogramm dazu gebucht werden, wie z.B. bei Miller Reisen (vgl. Katalog Miller Reisen 2005).

3.2 Kontext 1: Die Carretera Austral

> *"Schnurgerade entrollt die Piste sich jetzt vor uns, strebt in makellosen Wellenlinien den Ausläufern der Anden entgegen, über denen sich schwarze Wolken türmen. Den Bergen dort haftet etwas Unkörperliches an, so als verfestigen sich Wolken, Licht und Regen erst in diesem Moment zu kegelförmigen Massen. Wir stellen uns vor, dass Patagonien so entstanden ist. Wir müssen nur der Carretera folgen, um zum stetig sich weitenden Rand der Welt zu gelangen"* (OBERT/PIEPENBURG 2005, S. 35).

"Landschaften wie im Bilderbuch", so beginnt auch die Analyse des Entwicklungspotenzials der Region Aisén von HERMANN (2000, S. 9). Dreizehn Jahre nach BORSDORF (1987) schreibt HERMANN in seiner Dissertation damit die Regionalanalyse des nördlichen Westpatagonien fort.

Unter der Ägide von Augusto Pinochet wurde 1976 mit dem Bau der *Carretera Austral* (Südliche Landstraße) begonnen. Dieses geopolitische Prestigeobjekt der diktatorischen Militärregierung (von 1973 bis 1989 an der Macht), unter großen Kosten und Mühen realisiert, sollte die bis dahin kaum erreichbare Region an den Rest Chiles anbinden und einen wirtschaftlichen Entwicklungsimpuls auslösen.

Mittlerweile existiert zwar eine (einigermaßen) durchgängige Verbindung von Puerto Montt bis zum südlichen Eisfeld, aber immer noch trennt eine *"frontera interior"* (innere Grenze; HERMANN 2000, S. 10) das Gebiet vom restlichen Chile. Mit Ausnahme der Hauptstadt Coihaique führt die Region ein Enklavendasein, das sich in geringen gesellschaftlichen und wirtschaftlichen Verflechtungen mit dem Rest Chiles äußert.

Obwohl das naturräumliche Potenzial der Region Aisén vergleichbar ist mit dem der südlichen Nachbarregion, ist die touristische Inwertsetzung entlang der Carretera Austral bei weitem noch nicht so fortgeschritten. Ob allerdings *"die landschaftlichen Schönheiten Aiséns bisher weder in das nationale noch internationale Bewußtsein gedrungen"* sind, wie BORSDORF es noch 1987 formulierte, darf mittlerweile bezweifelt werden. Vielmehr kann man die XI. Region heute als eine *"Region für einen spezialisierten Tourismus"* (HERMANN, 2000: 139) sehen. Insbesondere Sportfischer und Abenteuer-Urlauber kommen zunehmend in dieses Gebiet. Vor allem Nordamerikaner gehen zum Sportangeln (Fliegenfischen) in die von zahlreichen Gewässern durchzogene Region. Eine darauf spezialisierte Infrastruktur (Guides, Lodges und Individualtransport) ist bereits vorhanden. Als ein Beispiel dafür kann die Terra Luna Lodge in der Nähe von Puerto Guadal gelten. Die sich selbst als *"unique place... for unique people"* (Broschüre

Azimut 360) bezeichnende Lodge offeriert neben dem Sportangeln auch Trekkingtouren und Expeditionen auf die nahe liegenden Inlandseisfelder.

Die Tatsache, dass insbesondere der Norden ein sehr humides Klima aufweist, schmälert allerdings die Attraktivität der Region[20]. Einige touristische Anbieter hat dies aber nicht abgeschreckt. Patagonia Connection betreibt in der Nähe der Ortschaft Puyuhuapi ein Luxusthermenresort. Die Termas de Puyuhuapi befinden sich nach eigenen Angaben „*südlich der Stille*" und offerieren „*Wellness in Patagonia*" (Broschüre Patagonia Connection). Zudem betreibe man das einzige Spa in Patagonien mit Thalassotherapie.

Die Hotelgäste reisen mit dem Katamaran an und machen bei der Abreise noch einen Ausflug zum San Rafael Gletscher (vgl. hierzu auch Kap. 6.3.1). Der äquatornächste Gletscher, der ins Meer abkalbt, gilt als touristische Hauptattraktion der Region. Zahlreiche Ein- und Mehrtagesausflüge von Puerto Montt und Puerto Chacabuco aus haben den Gletscher, der momentan nur über den Seeweg zu erreichen ist, zum Ziel. HERMANN (2000, S. 136) konstatiert, die Laguna San Rafael sei zu einer der „*meistbesuchten Sehenswürdigkeiten im organisierten chilenischen Tourismus*" geworden. Wegen zahlreicher anderer Gletscher in der Region (nördliches und südliches Eisfeld) schließt er auf ein enormes Potenzial im Gletschertourismus. Ebenso touristisch interessant sind die zahlreichen Naturschutzgebiete. Fast die Hälfte der Fläche von Aisén steht unter Naturschutz. Die Zugänglichkeit und Erreichbarkeit der Gebiete ist aber bedingt durch die periphere Lage stark eingeschränkt (ebda, S. 129 ff.).

Die bisher eher geringe Erschlossenheit des Gebietes für eine breitere Form des Tourismus verstärkt andererseits die Attraktivität und damit die Exklusivität für Abenteuer-Urlauber. „*Man muss sich so etwas jetzt anschauen, bevor die Busse kommen und alles asphaltiert wird*"[21], lautet das Urteil jener, die die Strapazen nicht scheuen. Die Reiseanbieter wandeln infrastrukturelle Mängel dabei in Ursprünglichkeit um. Denn „*unglaubliche Naturschauspiele*" (Katalog Miller Reisen 2004) lassen sich in diesem „*Pionierland*" (Katalog Akzente Reisen 2004/05) erleben. Die Carretera Austral, zwar kaum noch geeignet, um touristisches Neuland zu betreten, wird damit aber zu einer Route der Trendsetter. Sie bietet innerhalb der ohnehin kleinen und „individuellen" Gruppe der Patagonienreisenden ein weiteres Distinktionsmerkmal.

---

20 Die Station Puyuhuapi verzeichnet jährliche Durchschnittsniederschläge von 3.706 mm (vgl. HABERMANN 2003, S. 168).
21 Notiz aus einem Gespräch mit zwei deutschen Touristen, geführt am 20.11.2003 in den Termas de Puyuhuapi.

3.3 Kontext 2: El Calafate, El Chaltén und die Ruta 40

Auf argentinischer Seite der Anden bildet die *Ruta 40* das Gegenstück zur Carretera Austral. Parallel zur Kordillere quert sie die Steppe und führt südlich nach *El Calafate*. Der deutsche Reiseanbieter Miller Reisen hat in seinem aktuellen Katalog (2005) erstmals eine komplette Rundreise dieser Straße „gewidmet":

> „*Die Ruta 40 ist legendär, sehr lang und oft sehr einsam. Sie wird auch Argentiniens wilder Highway genannt und ist meist eine endlos scheinende Schotterpiste, die Sie zu den schönsten Naturlandschaften Patagoniens führt*" (Katalog Miller Reisen, Chile und Argentinien 2005, S. 10–11).

Ein Etappenziel an dieser „*Pionierstraße*" (Katalog Akzente Reisen 2004/05) ist die kleine Siedlung El Chaltén. Wie wohl kaum ein anderer zeichnet dieser Ort die touristische Entwicklung Patagoniens nach. Die heute ungefähr 400 Einwohner zählende Ortschaft existiert erst seit 20 Jahren (vgl. CASTILLO 2004, S. 102). Als es Mitte der 1980er Jahre zu Grenzstreitigkeiten mit Chile[22] kommt, beschließt die argentinische Regierung, am Fuße des südlichen Eisfeldes eine Siedlung zu gründen.

Insbesondere Bergsteiger, von den umliegenden Bergen *Fitz Roy* und *Cerro Torre*[23] angezogen, gehören zu den ersten Besuchern. Stetig wächst der Besucherstrom, und in den 1990er Jahren erfüllte sich die „*Hoffnung vieler, von und mit den Bergsteigern und Touristen leben zu können*" (ebda). Die Infrastruktur wurde an die Bedürfnisse der immer zahlreicher kommenden Touristen angepasst. Alberto del CASTILLO (2004, S. 104), der vor Ort ein Tourismusunternehmen führt, sieht die Entwicklung aber durchaus auch kritisch:

> „*Heutzutage reißt der Strom der Touristen, die nach El Chaltén kommen, nicht ab. Dass dieses Dorf einmal ein Platz für Bergsteiger und Wanderer war, das kümmert die Geschäftsleute in El Calafate und Buenos Aires wenig. Für sie ist der Ort am Ende der Straße ein Objekt, in das es sich zu investieren lohnt. Ein Platz, an dem sich Abenteuer und die dazugehörigen Dienstleistungen zu Geld machen lassen.*

---

22 Bis heute ist der exakte Grenzverlauf auf dem Campo de Hielo Sur nicht geklärt. Alle offiziellen chilenischen Karten haben in diesem Bereich eine Aussparung des Grenzverlaufs und verweisen auf eine ausstehende Klärung. Argentinien beansprucht das Eisfeld für sich: „*Los hielos continentales son argentinos*", kann man auch auf Tafeln in El Calafate lesen. Sollte der Gletschertourismus weiter zunehmen (vgl. Kap. 3.7), dürfte die Klärung des Grenzverlaufs auch für die künftige touristische Entwicklung in der Region von Interesse sein.
23 Beide Berge gelten als extrem schwer zu besteigen. Insbesondere der Cerro Torre liefert ein weiteres patagonisches „Mythoselement", ist doch seine Erstbesteigung umstritten (vgl. hierzu die ausführliche Rekonstruktion der Geschichte des Berges von DAUER, 2004).

[...] Von Jahr zu Jahr eröffnen in El Chaltén weitere Restaurants, Bistros, Grillstuben und Bars. In Eckläden wird «Kunsthandwerk» verkauft, das nicht einmal in Patagonien hergestellt wird."

Während sich El Chaltén selbstbewusst als „*Capital Nacional del Trekking*" (nationale Trekkinghauptstadt) bezeichnet, nennt sich das südlicher gelegene Calafate „*Capital Nacional de los Glaciares*" (nationale Gletscherhauptstadt). Am Ortseingang prangt jenes Schild, das auf die Nähe zum Campo de Hielo Sur hinweist. Der 1927 in Verbindung mit der Schafzucht gegründete Ort hat aktuell ungefähr 9.000 Einwohner[24]. Neben seinem chilenischen Pendant Puerto Natales bildet er ein weiteres touristisches Gravitationszentrum in Patagonien.

In der Saison 2002–2003 (Oktober 2002 bis März 2003) wurden 73.922 Übernachtungsgäste[25] gezählt. Abbildung 6 verdeutlicht die touristische Entwicklung El Calafates.

Abbildung 6: Gästebetten in El Calafate

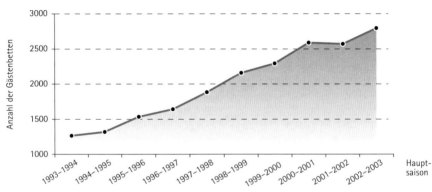

Quelle: Eigene Erstellung nach Angaben des Secretaría del Turismo, El Calafate

---

24 Quelle: Secretaría del Turismo (2003): Análisis estadístico de la demanda y oferta turística de El Calafate (Temporada 2002–2003). El Calafate.
25 Die tatsächliche Zahl dürfte höher sein, da nur die offiziellen, von den einzelnen Beherbergungsbetrieben selber gemeldeten Übernachtungen erfasst werden. Knapp über die Hälfte der Besucher waren dabei Argentinier (vgl. ebda).

Die größte Attraktion der Region ist der Nationalpark *Los Glaciares* mit dem Gletscher *Perito Moreno*[26]. Zahlreiche Busse fahren jeden Tag Richtung Gletscher, und von Puerto Natales werden Tagesausflüge angeboten. In einer Reisereportage der Zeitschrift *GeoSaison* findet der Autor Ariel HAUPTMEIER (2004, S. 36) über den „schönsten Gletscher der Welt" folgende Worte:

> „Von der Aussichtsplattform bietet sich ein Bild vollendeter Melancholie. Wolken verhüllen die Berge, zwischen denen ein mächtiger Strom aus Eis herabfließt und auf einer Breite von rund vier Kilometern in einen See mündet, der die Farbe von Waldmeistereis hat. Die Zuschauer sind still."

Abbildung 7:   Perito Moreno Gletscher

Quelle: Eigene Aufnahme

3.4   Aussichten und Fallbeispiele

Die bisherigen Ausführungen lassen bereits erahnen, dass die Tourismuswirtschaft die Zukunft Patagoniens generell sehr positiv sieht. José (Interview E8) fasst die Aussichten in einem Wort zusammen: „*Gigantisch*".

---

[26] Die Verwaltung des Nationalparks Los Glaciares gab das Besucheraufkommen für die Saison 2002–03 (nur Oktober bis Mai) mit 170.439 an. Dies wären fast 70.000 Besucher mehr als im vergleichbaren Vorjahreszeitraum. In den Jahren zuvor oszillierten die Werte lediglich zwischen 80.000 und 100.000 Besuchern.

Allerdings werden auch ernste Probleme sichtbar. Die infrastrukturelle Entwicklung konnte mit dem Wachstum der letzten Jahre nicht mithalten und stößt bereits heute an Grenzen.

„Das Problem in Patagonien ist, dass die Nachfrage groß ist, aber das Angebot noch sehr in den Kinderschuhen steckt", gibt Bernd (Interview E2) die Situation wieder. Andere formulieren es drastischer: *„Dieses Jahr haben wir schon wieder ein Wachstum von 14 Prozent. Das ist zu hoch, die Investitionen in den Tourismus können da nicht mithalten"*, warnt Felipe (Interview E7).

Alle Seiten fordern daher eine stärkere Diversifizierung. Insbesondere den Bereich der Fjorde und Kanäle um das südliche Eisfeld herum wollen die chilenischen Anbieter stärker nutzen. *„Wir sehen unsere touristische Zukunft in Richtung Westen, in Richtung dieser Kanäle"*, bestätigt Claudia (Interview E6), Tourismusbeauftragte von Puerto Natales. Geplant ist der Bau einer Straße, die direkt an das südliche patagonische Eisfeld heranführen soll.

„Dieser Weg ist lebenswichtig für die Erschließung neuer touristischer Gebiete. Er wird am Meer entlang führen und schließlich in einem Gebiet enden, wo es zahlreiche Gletscher gibt. Damit besteht die Möglichkeit, neue Gebiete touristisch zu erschließen. […] Somit könnte ein Gegenstück zum Torres del Paine geschaffen werden. Das Potenzial ist immens" (Interview E6).

Auch der Reederei *Skorpios* scheint die Kanalzone eine attraktive Möglichkeit zu bieten, ihr Produktportfolio zu erweitern. Das Flagschiff, die Skorpios III, wurde in der letzten Saison von Puerto Montt nach Puerto Natales verlegt. Das für 125 Personen ausgelegte Luxusschiff fährt nun statt zur Gletscherlagune San Rafael in einer mehrtägigen Reise zum weit weniger frequentierten Pio XI Gletscher (Interview E8).

Am Beispiel von Skorpios wird ebenfalls deutlich, dass Patagonien für südamerikanische Verhältnisse zumindest keine billige Destination ist. Ob sich diese Tendenz auch zukünftig durchsetzen wird, bleibt abzuwarten. Bernd (Interview E2) sieht diese Entwicklung differenziert:

„Man kann Patagonien bereisen mit Low Budget Vorstellungen oder auch als absolutes Topziel für Luxuskunden. […] Aber es stimmt, Patagonien wird für Kreuzfahrtschiffe interessant sein, für Leute interessant sein, die sich solche Hotels wie Explora anschauen wollen und zwar in wachsendem Ausmaße. Und ich denke zum Beispiel, dass gerade die Mare Australis soviel Nachfrage hat, dass sie früher oder

später ein zweites Schiff fahren lassen. Das Explora wird überlegen, ob sie ausbauen oder noch ein anderes Hotel hinsetzen[27]".

Francesca, beschäftigt bei eben genannter Explora Hotelkette, gibt zwar zu, dass die hohe Nachfrage eine für das Unternehmen attraktive Preisgestaltung ermöglicht, glaubt aber auch, dass die Luxusangebote die touristische Entwicklung und Erschließung neuer Gebiete vorantreibt und damit sukzessive auch preiswertere Alternativen geschaffen werden (Interview E3).

Aus Sicht des Marketings liegt die Zielgruppe allerdings klar bei den Besserverdienenden. Ein entsprechendes Angebot vorausgesetzt, ließen sich hohe Preise rechtfertigen, vermutet Martina (Interview E5). Die Gefahr einer Überbelastung wird dabei nur als ein punktuelles Phänomen wahrgenommen und mit dem Verweis auf zukünftige infrastrukturelle Verbesserung abgetan. Jorge (Interview E10) steht dieser Hoffnung jedoch kritisch gegenüber:

„Für mich als Unternehmer im Tourismus ist Patagonien eine Destination mit viel Potenzial. Aber es gibt noch viel zu tun, und vieles was getan wird, wird schlecht gemacht. Es fehlt ein wenig die Basis des Ganzen. Es geht mehr um die Steigerung der Ankünfte als um ein solides Wachstum. [...] In zehn Jahren, denke ich, werden zwar mehr Leute kommen, aber wir werden sie mit dem empfangen, was wir heute schon haben. Ich würde gern behaupten, dass die Infrastruktur angepasst wird, aber ich bin mir ziemlich sicher, dass dies nicht der Fall sein wird."

Damit würde die Wahrscheinlichkeit steigen, dass die Touristen die vom Marketing prophezeiten Entdeckungswelten nicht mehr vorfinden. *„Die königlich schöne, einsame Heimat der Pioniere"* (Broschüre LanChile) wird zu einer Massenattraktion: *„Ich habe es mir einsamer vorgestellt, muss ich echt sagen"*, so bereits jetzt das Fazit eines Touristen (Interview T3).

Im Folgenden geben fünf Beispiele einen Überblick über die touristische Situation und die Strukturen in der südlichsten Provinz Chiles. Es kann sich dabei aber nur um einen kleinen Auszug handeln, der Funktionsschemata verdeutlicht und grundlegende Akteure vorstellt.

---

27 Die Mare Australis, ein Kreuzfahrtschiff der Reederei Cruceros Australis, pendelt im Wochenrhythmus zwischen Punta Arenas und Ushuaia. 2005 wurde das neu gebaute Schwesterschiff der Mare Australis, die Via Australis, in den Dienst gestellt. Explora bietet seit kurzem neben den Hotels auch komplette Reiseprogramme an (eines davon in Patagonien).

3.4.1 Fallbeispiel 1: Big Foot, Tour Operator

> *„A dream destination for explorers, scientist and sports enthusiasts for years, Patagonia still attracts intrepid dreamers with the promise of unparalleled adventure. Rebellious. Generous. Raw. Nature shows its true side in Patagonia, a land of magical contrast. Let your imagination run wild through the infinite space that is Patagonia. No limits. No rules. Each step, each Exploration, every horizon is a new adventure taken to the maximum. Big Foot, specialist in Patagonia, can bring you to that adventure. Welcome to Patagonia. Welcome to Big Foot. Welcome to adventure."* (Internetseite: Big Foot[28])

Mit diesen Worten begrüßt der Tour Operator[29] Big Foot die Besucher seines Internetauftrittes. Big Foot ist einer von 27 Tour Operators[30], die in Puerto Natales tätig sind. Der Ort ist gleichzeitig Zugang und Versorgungsbasis des Torres del Paine Nationalparks. Ohne ihn und die damit verbundenen Besucherströme wäre Puerto Natales wohl kaum touristisch erwähnenswert. Auch für Big Foot ist der Park eine *„mina de oro"* (Goldmine), wie José (Interview 8), einer der Besitzer der Firma, konstatiert. Als einer der wenigen Anbieter hat Big Foot eine Nutzungskonzession für den Nationalpark erhalten und darf daher Eiswanderungen auf dem im Park liegenden Grey Gletscher anbieten.

Big Foot gibt es seit 1999. Den Besitzern zufolge ist die Firma entstanden als ein Zusammenschluss idealistisch motivierter Natur- und Sportliebhaber. Staatliche finanzielle Beihilfen gab es keine. Somit entstand Big Foot ähnlich wie der größte Teil der touristischen Infrastruktur in der Region aus privater Initiative.

Das Angebotsspektrum reicht von den genannten Eiswanderungen über Kayaktouren in den Fjorden bis hin zu Klettertouren im Torres del Paine Nationalpark. Zielgruppe sind sportlich Interessierte, die Abenteuer suchen. Nebenbei betreut Big Foot auch Filmteams und organisiert Expeditionen. Eher ungewöhnlich für einen Tour Operator dieser Größe[31] ist die Leistungstiefe. Neben den obligatorischen Tagestouren bietet

---

28 http://www.bigfoot.com; interessant ist auch der gewählte Name Big Foot, der direkt auf die Region verweist.
29 Der Begriff des Tour Operator (im spanischen tour operadores) wird im Folgenden beibehalten. Tour Operators können in diesem Fall als zumeist kleine touristische Unternehmen verstanden werden, die von der Konzeption einer Ein- oder Mehrtagestour über die Beratung und den Verkauf bis hin zur Durchführung alles übernehmen.
30 Quelle: Municipalidad de Puerto Natales.
31 Insg. 17 Personen verschiedener Nationalitäten arbeiten in festen Arbeitsverhältnissen bei Big Foot. Hinzu kommen zwei bis drei Freelancer, die auf einer freien Provisionsbasis arbeiten (Interview E8).

er auch mehrtägige Komplettprogramme an, die bis hin zum Flughafentransfer alles enthalten.

Ein Grund dafür liegt darin, dass Big Foot einen eigenen Vertriebskanal für die USA hat. Durch eine Kooperation mit einem Reisebüro in San Francisco konnte Big Foot auch auf dem nordamerikanischen Markt Fuß fassen[32]. Das erklärt, warum fast 70 % der Kunden aus den USA kommen. Auch durch Messeauftritte versucht man, sich weiter zu positionieren. In Chicago war Big Foot bereits vertreten. Nun plant man die entsprechenden Touristikmessen in Mailand, Madrid oder Berlin zu besuchen.

Unterstützung kommt auch von einer ganz anderen Seite. Der Lonely Planet Reiseführer für Chile hat in der Ausgabe 2003 eine Tour von Big Foot extra hervorgehoben. Zwar sind Empfehlungen im Lonely Planet für Anbieter nichts Ungewöhnliches, aber Big Foot ist der einzige Anbieter, der im Patagonienbereich des Führers besonders erwähnt wird (vgl. Lonely Planet: Chile and Easter Island 2003, S. 393).

Das wirkt sich positiv auf die Buchungen aus. *„Im letzten Jahr hatten wir 22 Kayaktouren in die Serranolagune*[33]*, jetzt haben wir 20 Touren im Monat, und wir sind erst in der Hälfte der Saison"*, erklärt José. Er scheint selber überrascht von dem schnellen Wachstum: *„Unser Ziel war ein kleiner Familienbetrieb, […] aber wir sind einfach immer weiter gewachsen, ohne anzuhalten, ohne darüber nachzudenken."* Aber auch José warnt vor einer möglichen Überbelastung:

„Im Moment ist die touristische Nachfrage stärker als das Angebot. Momentan bemerkt man das noch nicht in einer negativen Form. Aber aus meiner Sicht ist es mehr, als die Infrastruktur aufnehmen kann."

3.4.2 Exkurs: „Die Bibel der Reisenden"

Reiseführer für Individualreisen stellen mit ihrer Evaluation des touristischen Angebots oft die einzige umfassende Informationsquelle für die Reisenden in peripheren Regionen dar. Die einzelnen Dienstleistungen werden nach Preisklassen gestaffelt vorgestellt und bewertet. Die Bände der englischsprachigen *Lonely Planet* Reiseführer zählen dabei zu den wichtigsten Individualreiseführern weltweit. Die Chile-Ausgabe verdeutlicht auch warum: Zwar ist ein Autorenkollektiv (Ausgabe 2003) für den Inhalt verantwortlich. Dabei spielen aber auch, wie bei Lonely Planet generell üblich, die Be-

---

[32] Dabei wurden 25 % des Unternehmens an einen in den USA lebenden Chilenen verkauft (Interview E8).
[33] Jene Tour wurde im Lonely Planet (2003) vorgestellt.

wertungen von anderen Reisenden eine Rolle. Man kann seine positiven wie negativen Reiseerfahrungen und Empfehlungen weiterleiten. Diese fließen in eine zukünftige Beurteilung ein. Immer wieder weisen die Führer auf individuelle Beurteilungen hin. Gerade durch dieses Prinzip („von den Reisenden für Reisende") gewinnt der Führer, zumindest aus Sicht der Konsumenten, an Glaubwürdigkeit. *„Der Lonely Planet ist die Bibel der Reisenden"*, glaubt auch José (Interview E8). Positive Erwähnungen für touristische Dienstleister sind daher von großem ökonomischem Vorteil, wie auch andere Interviewpartner bestätigten (Interviews E9 und E10). Selbst Internetauftritte einzelner Reiseanbieter verweisen auf Nennungen in Führern: *„Durch die Zufriedenheit unserer Kunden wurden wir damit geehrt, in den folgenden Reiseführern abgedruckt zu sein [...]"*[34].

Auch MUNDT (2001, S. 175) weist Reiseführern eine ökonomische Rolle zu. Für ihn steht aber der Nutzer im Vordergrund. Da im Führer alles Relevante vorgestellt wird, kann der Leser sich effizient verhalten ohne Gefahr zu laufen, wichtige Sehenswürdigkeiten zu verpassen. Im Gegensatz dazu verliert aber auch alles nicht Vorgestellte an Bedeutung. Wer es als touristischer Dienstleister nicht in den Führer schafft, muss versuchen, die Aufmerksamkeit der Touristen auf andere Art und Weise auf sich zu lenken.

Abbildung 8: We are not in Lonely Planet…

Quelle: Eigene Aufnahme

---

34 Quelle: http://www.aonikenk.com

3.4.3 Fallbeispiel 2: Hostal „La Estancia"

> *„Hostal La Estancia [...], run by a friendly young couple, has attractive upstairs rooms with shared bath, decent beds, but rock-hard pillows. A very filling breakfast is included and can be enjoyed while catching up on the news of the day on English-language TV "* (Lonely Planet, Chile and Easter Island 2003, S. 383).

Neben den regulären Hotels gibt es in Chile wie auch in Argentinien noch eine Vielzahl anderer Unterkunftsmöglichkeiten. Am stärksten verbreitet sind dabei *Residenciales, Hostales und Hosterías*. Dabei sind *Residenciales* eher einfache Unterkünfte, zum Teil mit gemeinschaftlichen Schlafräumen. *Hostales* sind etwas besser ausgestattet, und *Hosterías* unterscheiden sich kaum von Hotels, häufig werden beide Begriffe synonym verwendet[35].

Das Hostal „La Estancia" in Punta Arenas existiert seit drei Jahren. Die Besitzer, ein junges Ehepaar, stammen aus Mittelchile und leben seit circa zehn Jahren in Punta Arenas. Beide haben an der örtlichen Universität einen touristischen, speziell auf die Region abgestimmten Studiengang abgeschlossen[36].

In einem gemieteten Haus haben sie ein Hostal mit sieben Zimmern und zwei Etagenbädern für maximal 22 Personen eingerichtet. Die Zimmerpreise pro Nacht liegen zwischen 13,– € und 19,– € inklusive Frühstück (Stand: Dezember 2003). Die ursprüngliche Idee war, nur während der Hauptsaison (Oktober-April) geöffnet zu haben und den Rest des Jahres mit den daraus gewonnenen Rücklagen zu überbrücken. Die extrem ausgeprägte Saisonalität (vgl. Abb. 13) lässt häufig keine andere Wirtschaftsweise zu. In diesen Fall ergab sich aber noch eine andere Option: Im Sommer kommen die Gäste fast ausschließlich aus dem Ausland, vorrangig aus England, Deutschland und den USA. *„Wenn man in der Hochsaison eine Nacht ein leeres Zimmer hat, dann ist das schlecht"*, erklärt Jorge (Interview E10), Betreiber des Hostales. Im Winter hingegen kommen vorrangig Chilenen, die in Punta Arenas arbeiten. Diese versucht der Betreiber gezielt anzusprechen, indem er insbesondere innerhalb Chiles sein Hostal bewirbt.

---

[35] Sernatur gibt zwar eine genaue Definition heraus (vgl. u. a. Sernatur, 1999, S. 9), in der Realität hat das aber wenig Bedeutung. Laut Sernatur soll ein Hostal mindestens acht Zimmer haben, aber weder das Hostal Dos Lagunas in Puerto Natales noch das Hostal La Estancia in Punta Arenas (mit den jeweiligen Betreibern wurden Interviews geführt) konnten diese Forderung erfüllen.

[36] Die genaue Bezeichnung für den Abschluss lautet *Administrador de Servicio Turistico Mención Hotelería y Restaurante*.

Die höhere Auslastung und der damit verbundene finanzielle Zugewinn haben zu der Überlegung geführt, das Haus zu kaufen und auszubauen.

3.4.4 Fallbeispiel 3: Estancia Río Penitente

> *„At the gate of Hosteria Estancia Río Penitente you enter the elegance of another era in the chilean Patagonia"*
> (Internetseite: Estancia Río Penitente [37]).

In der Region um Punta Arenas und Puerto Natales gibt es nach Angaben von Sernatur 24 Estancias[38], die in verschiedener Form touristisch aktiv sind. Diese unter dem Begriff *„Agrotourismus"* zusammengefassten Aktivitäten reichen von einfachen Reitausflügen bis zur Übernachtung mit organisiertem Rahmenprogramm. Einige Estancias haben sich auf Reisegruppen spezialisiert und bieten diesen mit „Schafschurshows" und Grillabenden einen Einblick in das „tägliche Estancia Leben".

Die Estancia Río Penitente liegt zwischen Punta Arenas und Puerto Natales. Sie ist nach Angaben des Verwalters John Dick[39] eine der ersten Estancias überhaupt, die sich dem Tourismus geöffnet hat. 1891 wurde sie von schottischen Immigranten gegründet. Vorrangiges Ziel war die Schafhaltung. Auch heute noch gehören rund 5.000 Schafe zur ungefähr 10.000 Hektar großen Estancia. Wirtschaftliche Notwendigkeit zwang die Besitzer vor ungefähr 15 Jahren dazu, neue Einnahmequellen zu erschließen. *„Die Idee war ähnlich wie bei den Ranches in den USA"*, erklärt John Dick. Man begann, Zimmer zu vermieten, und bot den Gästen Aktivitäten wie reiten, angeln und wandern an. Heute verfügt die Estancia über acht Zimmer, die Preise liegen zwischen 90,– US $ und 150,– US $ pro Zimmer und Nacht (Stand: Dezember 2003). Das Haupthaus, noch im Stil der Gründerzeit erhalten, bietet einen Einblick in die prosperierende Vergangenheit der Region (siehe Abb. 9)[40].

Anfangs kamen die Gäste primär aus den USA, aktuell kommen sie vorrangig aus Europa oder Japan. Neben dem Gästespektrum hat sich auch das Nachfrageverhalten geändert. Waren es anfangs mehr Übernachtungen, so kommen die Leute heute

---

37 Zu finden unter: http://www.chileaustral.com/penitente
38 Quelle: Informe sobre la Actividad Agroturística en la Región de Magallanes, Sernatur Punta Arenas.
39 Alle Informationen stammen aus einem schriftlich festgehaltenen Interview vom 07.12.2003 mit John Dick auf Río Penitente.
40 An dieser Stelle sei auch auf die ausführliche Beschreibung der Estancia im Reisebericht von Klaus BEDNARZ (2004, S. 76–106) verwiesen.

hauptsächlich in größeren, organisierten Gruppen. Dabei besichtigen sie das Haupthaus und wohnen anschließend einer Schafschur bei. Abschließender Höhepunkt ist das Grillfest. Im traditionellen *Quincho* (= Grillplatz) der Estancia haben dabei 120 bis 140 Personen Platz. Ausflüge dieser Art werden in fast allen Reisebüros der Region angeboten. Auch die Kreuzfahrtschiffe, die regelmäßig in Puerto Natales oder Punta Arenas anlegen, bieten Exkursionen dieser Art an.

Abbildung 9: Haupthaus der Estancia Rio Penitente

Quelle: Eigene Aufnahme

Der Besitzer legt aber Wert darauf anzumerken, dass die Estancia immer noch als eine solche funktioniert. Die landwirtschaftliche Funktion generiert ungefähr die Hälfte der Einnahmen, während die andere Hälfte durch die touristischen Aktivitäten zustande kommt. Neben dem Betreiben einer eigenen Webseite versucht der Besitzer des Familienbetriebes dabei auch mit größeren Reiseagenturen zusammenzuarbeiten.

3.4.5 Fallbeispiel 4: Explora Hotel Salto Chico

„Es war bereits Nacht, als ich im Nationalpark Torres del Paine ankam, in der Weite des Südens von Chile… Im Hotel legte ich mich aufs Bett und kam nicht umhin, mir die Frage zu stellen, aus welchem Grund auch nur irgend jemand diesen mehr als 200.000 Hektar großen Park am Ende der Welt aufsuchen wollen könnte. Am Morgen erfuhr ich den Grund."
National Geographic Traveller / U.S.A. (Broschüre Explora en Patagonia)

Mit diesem Zitat beginnt die Werbebroschüre des Explora Salto Chico Hotels in Patagonien. Explora[41], dessen Untertitel „*The Art of Travel*" lautet, besitzt aktuell zwei 5-Sterne Hotels in Chile. Eines steht in der Atacama Wüste bei San Pedro de Atacama, das andere in Patagonien. Im Oktober 1993 wurde das Hotel am Salto Chico (Kleiner Wasserfall) im Nationalpark Torres del Paine eröffnet. Möglich wurde das durch eine von der Nationalparkverwaltung vergebene Konzession, die nach einer Laufzeit von 38 Jahren im Jahr 2028 endet. Das Hotel verfügt über 30 Zimmer, die neben Aufenthaltsräumen, Speisesaal und Bar in einem Haupthaus untergebracht sind, sowie über ein Badehaus mit Hallenbad, Sauna und Fitnessraum in einem separaten Nebengebäude.

Angeboten werden ausschließlich Komplettprogramme (Transfers, Unterkunft, Verpflegung und Ausflüge), einzelne Übernachtungen sind nicht buchbar. Die Programme mit den Namen „*Patagonien für Anfänger*" und „*Im Herzen Patagoniens*" beinhalten jeweils drei bzw. vier und sieben Nächte (vgl. Broschüre: Explora en Patagonia).

Abbildung 10: Explora Hotel Salto Chico

Quelle: Eigene Aufnahme

---

41 Explora, das zur chilenischen Corpora Holding gehört, hat sich zum Ziel gesetzt, fünf Hotels in landschaftlich reizvollen und entlegenen Gebieten Südamerikas zu errichten, denn „*for «urbanities» the Southern tip of America offers virginal sites that can be explored without running*" (Interview E3 sowie Broschüre: Explora, art of travel). Aktuell offeriert Explora zudem eigenveranstaltete Reisen. Eine davon auch in Patagonien.

Die Lage im Nationalpark mag spektakulär sein, schließlich liegt das Hotel „*am Fuß eines Berg- und Gletschermassivs, das auf der Welt einmalig ist*" umgeben von „*Seen aus Tränen gesammelt, auf denen blaue Eisberge schwimmen*" (WINTER 2005, o. S.). Diese Lage verursacht aber auch hohe Kosten. Neben den jährlichen Pachtgebühren, die an die Nationalparkbehörde CONAF (*Corporación Nacional Forestal*) entrichtet werden müssen, befinden sich die nächsten Versorgungsmöglichkeiten im nur über Schotterpisten erreichbaren zirka 150 km entfernten Puerto Natales[42]. Der Flughafen von Punta Arenas, über den die meisten Gäste anreisen, ist sogar mehr als 400 km entfernt[43].

Explora selbst versteht sich nicht als ein Beherbergungsbetrieb im herkömmlichen Sinne: „*We don't live the hotel life.*" Man sei viel eher eine „*Base for the Exploration*" oder ein „*Shelter of Retreat*" (Interview E3). Konsequent wird diese Abgrenzung auch beim Luxusbegriff weitergeführt: „*For us luxury is a hot shower in the National Park, excellent food, good wine, good horses, good equipment […]*" (ebda). Das Salto Chico dürfte somit eines der wenigen 5-Sterne Hotels auf der Welt sein, in denen es weder Fernseher noch Radios auf den Zimmern gibt. Dafür hat es andere Qualitäten: „*Auf Erden gibt es nichts Stilleres als das Explora*", kann man auf der Internetpräsenz der Zeitschrift Spiegel lesen (MATUSSEK 2002, o. S.). Das mag in der Nebensaison gelten, in der der Autor vor Ort war. In der Hauptsaison dürfte es etwas hektischer zugehen, ist das Hotel doch in dieser Zeit auf Monate hinaus ausgebucht (vgl. Interview E1).

Der durchschnittliche Explora Gast ist zwischen 45 und 55 Jahre alt, gebildet und sehr reiseerfahren. Letzteres lässt sich im Übrigen für die meisten Patagonienreisenden konstatieren (vgl. Kap. 7.1). Jeweils ein Drittel der Gäste kommt aus Nordamerika, Europa und dem Rest der Welt. In den USA und in Deutschland unterhält Explora regionale Büros, was auf die Bedeutung dieser Märkte schließen lässt. Insbesondere in Deutschland soll es einen enormen Zuwachs an Buchungen gegeben haben: „*actually from last year to this year* [2003] *it doubled*" (Interview E3).

Das Konzept der Explora Hotels macht deutlich, dass absoluter Luxus und eine (scheinbar) natürliche Umgebung keine Widersprüche sein müssen. Für Explora sind beide Faktoren sogar interdependent: In der Gewissheit in ein „gemütliches Refugium" zurückkehren zu können, kann man der unbeständigen Witterung umso besser

---

42 Eine neue Straßenverbindung zwischen Puerto Natales und dem Nationalpark ist bereits im Bau. Die ungefähr 80 Kilometer lange Straße soll 2006 eröffnet werden (Quelle: Internetseite des Nationalparks; http://www.torresdelpaine.com).

43 Das schlägt sich in den Hotelpreisen nieder. Die offiziellen Preise (vgl. hierzu: Preisliste, Broschüre Explora en Patagonia) liegen zwischen 1.040,– US $ (pro Person/ 3 Nächte im Doppelzimmer) und 5.388,– US $ (Einzelzimmer/ 7 Nächte). Die Angaben beziehen sich auf die Saison 2003/ 2004.

trotzen. Eine These, die auch POSCHARDT (2000, S. 237) vertritt. Demzufolge verfügt der Mensch über eine dichotome Wahrnehmung: „*Er ist Genießer von Gemütlichkeit in der Nähe des »heimischen Herdes« und gleichzeitig mutiger, neugieriger Entdecker seiner Umwelt*". Explora bietet beides. Ob das Hotel aus der Notwendigkeit der Nachfrage entstanden ist oder diese erst durch sein Dasein geschaffen hat, ist letztlich irrelevant. Die momentane Akzeptanz spricht für sich selbst.

Die Gäste des Explora Hotels buchen Programme, die schon vom Namen her („*Patagonien für Anfänger*" und „*Im Herzen Patagoniens*") implizieren, die Essenz Patagoniens kennen zu lernen, ohne dabei den Torres del Paine Nationalpark zu verlassen[44]. „*For me that's* [the National Park] *Patagonia*", gibt Francesca (Interview E3) von Explora auch unumwunden zu. Eine Meinung, die unter den Tourismusmanagern durchaus verbreitet ist. Auf die Frage, welche drei Dinge man in Patagonien gesehen oder gemacht haben muss, antwortet Bernd von ProTours: „*Dreimal in den Torres del Paine gehen, das ist mit Abstand das Spektakulärste*" (Interview E2).

3.4.6 Fallbeispiel 5: Der Torres del Paine Nationalpark

Der Torres del Paine Nationalpark wird oft beschrieben als „*einer der schönsten Nationalparks in Südamerika*". Ist im touristischen Sinne vom chilenischen Patagonien die Rede, so ist damit zumeist der Park gemeint. Abbildungen des namengebenden Paine Felsmassivs finden sich in nahezu allen Publikationen über Patagonien. Der Torres del Paine und sein argentinisches Äquivalent, der Los Glaciares Nationalpark mit dem Perito Moreno Gletscher, dienen als verdinglichte Synonyme für Patagonien. Die Beschreibungen des Parks konkurrieren dabei um Superlative. Selbst religiöses Pathos wird bemüht: „ *Wohl nirgends als hier kann man besser die Worte Ortegas y Gassets verstehen: »Die letzte Dimension der Landschaft ist Gott.«*" (DELABORDE/LOOFS 1978, S. 108). Auch die Trekkinggeneration scheint immer noch gebannt zu sein im Angesicht der „*einmaligen Landschaftsbilder*" (Katalog Dertour 2004):

> „*Ein ungebetenes Gefühl der eigenen Nichtigkeit beschleicht das erprobte Outdoor-Gemüt am 55° Breitengrad* [sic!][45]. *Die Großartigkeit der Schöpfung macht still, das Ego zieht sich fröstelnd zurück. Da hilft keine neue Multifunktionswäsche, auch kein Windstopper. Nacktes Menschsein*" (SCHEIBLER 2004, o. S.).

---

44 Obwohl einige der insgesamt 21 angebotenen Ausflüge den Park verlassen, verbleiben sie doch in unmittelbarer Nähe. Ein Beispiel ist der Quincho von Explora. Der traditionelle patagonische Grillplatz befindet sich zirka fünf Kilometer außerhalb des Nationalparks (siehe hierzu auch Broschüre: Explora en Patagonia und beiliegende Karte).
45 Der Park befindet sich auf ungefähr 51° südlicher Breite.

Tourismus in Patagonien

Abbildung 11: Nationalpark Torres del Paine

Quelle: Eigene Aufnahme

Oft wird dabei vergessen, dass das Gebiet bis in die 1950er Jahre landwirtschaftlich genutzt wurde. Große Gebiete wurden durch Brandrodung und extensive Viehhaltung anthropogen überformt. *„Dadurch kam es zu einer erheblichen Veränderung der Landschaft, zur Zerstörung des Habitats der ansässigen Fauna und einer Veränderung des Bodens"* (HABERMANN 2003, S. 177). Selbst heute noch müssen geschädigte Sektoren vor Winderosion geschützt werden.

Tabelle 3: Zeittafel – Nationalpark Torres del Paine

Ende 19. Jh.	Brandrodung und Besiedlung zum Zweck der Tierhaltung
1959	Gründung des *„Parque Nacional de Turismo Lago Grey"* (Größe: 4.332 Hektar)
1961	Umbenennung in *„Parque Nacional de Torres del Paine"* und Vergrößerung auf 24.532 Hektar
1970–1979	mehrere Vergrößerungen bis auf die aktuelle Größe von 242.242 Hektar
1978	Ernennung zum Biosphärenreservat durch die UNESCO

Quelle: zusammengestellt nach MARTINIC 1985, S. 262 und HABERMANN 2003, S. 174 ff.

Mit einer Größe von über 240.000 Hektar grenzt der Nationalpark im Norden an das Campo de Hielo Sur, dessen Ausläufer, zum Beispiel der Grey Gletscher, in den Park hineinreichen. Die Attraktivität des Parks resultiert aus dem „*Paine-Massiv, das mit seinen bizarren Türmen den Mittelpunkt des Schutzgebietes bildet, umringt von riesigen Gletschern, die die großen Seen speisen, Flüssen und Wasserfällen*" (HABERMANN 2003, S. 175).

In Verbindung mit der hohen touristischen Relevanz (Abb. 5) können die Besucherzahlen des Parks auch als Indikatoren für die touristische Entwicklung der gesamten Region dienen. Abbildung 12 zeigt die starke Zunahme der Besucherzahl in den letzten beiden Dekaden. Allein in den letzten zehn Jahren hat sich ihre Zahl verdreifacht. Abbildung 14 zeigt zudem die Zusammensetzung der Touristen, unterteilt nach den wichtigsten Entsendeländern.

Abbildung 12: Besucherentwicklung (Ankünfte) im Nationalpark Torres del Paine 1983-2004

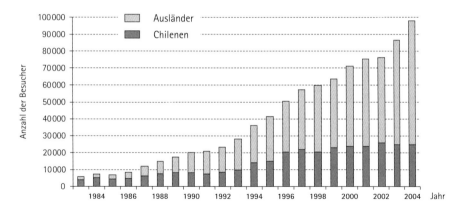

Quelle: Eigene Erstellung nach Daten der Nationalparkverwaltung sowie von Sernatur, Puerto Natales

Hinzu kommt eine ausgeprägte Saisonalität, die zu einer hohen Ballung während der Sommermonate führt (Abb. 13). In der Nebensaison hingegen müssen viele touristische Dienstleister notgedrungen schließen. Ein Entwicklungsziel müsse daher die Verlängerung der Hauptsaison sein, um den Besucherdruck zu verringern, fordert Martina (Interview E5). Dies wird in Ansätzen bereits umgesetzt: „*Normalerweise haben alle Hostals hier* [Puerto Natales] *von Oktober bis April geöffnet. Wir haben diese Saison aber schon im August* [2003] *geöffnet. Und es hat gut funktioniert*", erzählt Hostalbetreiber Louis (Interview 9). Er verschweigt aber auch nicht, dass ihn letztlich die wirtschaftliche Situation dazu gezwungen habe.

Tourismus in Patagonien 53

Abbildung 13: Besucher im Torres del Paine Nationalpark im Jahresverlauf 2004

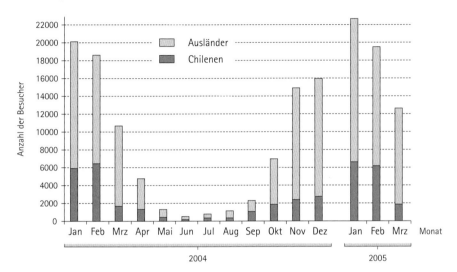

Quelle: Eigene Erstellung nach Daten von Sernatur

In Anbetracht der Größe des Nationalparks scheint die Besucherzahl auf den ersten Blick nicht besonders hoch, sie wird von den Tourismusmanagern vor Ort auch als niedriger eingeschätzt[46]. Doch, und in diesem Punkt reproduziert der Park das touristische Gesamt-Patagonien, kommt es zu einer Konzentration auf wenige Punkte. Die Größe wird durch das infrastrukturelle Angebot relativiert. Dies macht sich im Besonderen beim Trekking bemerkbar, der beliebtesten Aktivität im Park. Der *Circuito*, die siebentägige Umrundung des Paine Massivs, und das *W*, ein verkürztes Best-Of des *Circuito*, gehören zu den am stärksten frequentierenden Wanderungen. Fast jeder fünfte Besucher im Jahr 2002 hat eine der beiden Touren gemacht. Allein im Dezember 2002 waren nach Angaben der Nationalparkverwaltung über 3.300 Trekker unterwegs. Die Konsequenzen sind klar: Man kann *„sich dort wie in einer Mall fühlen. Es gibt praktisch keinen Moment, in dem man sich alleine fühlen kann"* (Interview E10).

---

46 Klaus beispielsweise spricht von 60.000 Touristen und attestiert dem Park eine Kapazität von 200.000 bis 250.000 Besucher im Jahr (Interview E4). Francesca spricht sogar nur von 35.000 Besucher, die sich in zehn Jahren auf 70.000 verdoppeln könnten, ohne dass dies problematisch wäre (Interview E3). Bereits im Jahr 2000 wurden mehr als 70.000 Besucher im Park gezählt.

Da dies dem angestrebten Ziel, eine Destination für Naturtourismus zu sein, auf Dauer entgegenläuft, sollten Anfang 2004 Belastbarkeitsstudien durchgeführt werden. Dabei geht es aber nicht um den Park als Ganzes. Lediglich einzelne Sektoren sollen auf ihre Belastbarkeit geprüft werden (Interview E7). Gleichzeitig überlegt man, neue Sektoren zu erschließen[47], um den Besucherstrom und damit auch die visuelle Kontamination zu entzerren. Inwiefern sich dieses Vorgehen kontraproduktiv auf den eigentlichen Schutzstatus des Nationalparks auswirken wird, bleibt abzuwarten.

Abbildung 14: Besucherstärkste Nationen im Torres del Paine Nationalpark, 1993–2003[48]

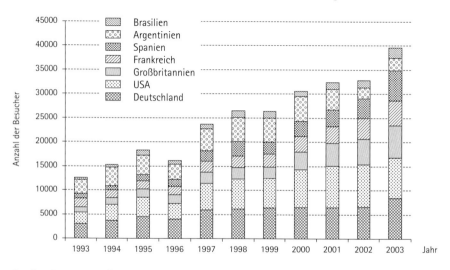

Quelle: Eigene Erstellung nach Daten der Nationalparkverwaltung und von Sernatur, Puerto Natales

Für die Beherbergung der Touristen sind in erster Linie private Unternehmen verantwortlich, die durch öffentliche Ausschreibungen Konzessionen von der Nationalparkverwaltung erhalten haben. Im Dezember 2003 waren nach Angaben der Nationalparkverwaltung zehn Konzessionen vergeben. Darunter fallen fast alle Hotelbetriebe[49],

---

47 Dazu zählen die Bereiche Glaciar Tyndal, Dickson und Pingo (Interview E7).
48 Ohne Chile; Argentinien und Brasilien wurden als besucherstärksten Nationen Lateinamerikas mit aufgeführt.
49 Im Park gibt es folgende Hotels oder Hosterías: Las Torres (100 Betten), Pehoe (80 Betten), Explora Salto Chico (60 Betten), Río Serrano (38 Betten), Grey (70 Betten) (Quelle: Nationalparkverwaltung).

einige Tour Operator sowie Transportunternehmen. Diese bringen der CONAF, die den Park verwaltet, neben den regulären Eintrittsgeldern[50] und den Permits für Klettertouren zusätzliche Einnahmen. CONAF selbst betreibt einige Refugios (einfache Übernachtungshütten), Zeltplätze sowie das Besucherzentrum am Lago del Toro.

3.5 Fazit

> *„Nur wenige Regionen der Welt können den Vergleich mit Patagonien wagen: vielleicht einige Gegenden in Norwegen oder Alaska."* (Broschüre: Patagonia Chile, Natur und Abenteuer).

Man gibt sich selbstbewusst im chilenischen Patagonien und spielt dabei auf jenes Gut an, was man glaubt, zur Genüge zu haben: Natur. Patagonien ist eine Naturdestination, da sind sich alle touristischen Entscheidungsträger einig. Nicht wenige hegen gar die Hoffnung, dass sich die Entwicklung weiter fortsetze und die Region in den nächsten Jahren zu einer *„weltweiten Top Destination"* (Interview E4) im Naturtourismus aufsteigen könne. Dass die Region gleichzeitig lange schon als Kulturlandschaft genutzt wird und der heute vielfach gerühmte Torres del Paine Nationalpark, überspitzt formuliert, in Teilen eine ehemalige Schafweide ist, wird dabei verständlicherweise selten erwähnt.

Touristische Produkte wie Explora, Skorpios und die Termas de Puyuhuapi verdeutlichen eine weitere Besonderheit Patagoniens: hochpreisige Offerten für einen komfortablen Aufenthalt in der „Wildnis". Zwischen diesen beiden Polen, unberührter Natur auf der einen Seite und andererseits der Möglichkeit, diese in luxuriösem Ambiente zu genießen, steht der Versuch, Patagonien auf der touristischen Landkarte zu positionieren. Dem gegenüber stehen eine stark ausgeprägte Saisonalität sowie eine Diskrepanz zwischen Angebot und Nachfrage.

---

50 Im Dezember 2003 betrug die Eintrittsgebühr für Ausländer ca. 12,– €. Der für chilenische Verhältnisse sehr hohe Preis (reduziert für Inländer) verbunden mit dem hohen Besucheraufkommen macht den Torres del Paine zum rentabelsten aller Nationalparks in Chile. Beim Besucheraufkommen liegt der Park an dritter Stelle. Nur die im Seengebiet gelegenen Nationalparks Puyehue und Vicente Pérez Rosales verzeichnen mehr Besucher (deren Eintrittspreise sind aber deutlich günstiger). Nimmt man die ausländischen Besucher als Grundlage, so folgt der Torres del Paine dem Nationalpark Puyehue an zweiter Stelle (vgl. Sernatur, 2002). Die hohe Rentabilität des Torres del Paine Nationalparks wird nicht nur positiv bewertet. Vor Ort wird der CONAF unter vorgehaltener Hand oft vorgeworfen, die Einahmen nicht wieder in den Park zu reinvestieren, was in Anbetracht der steigenden Besucherzahlen und der infrastrukturellen Mängel dringend notwendig wäre.

Das chilenische Patagonien als nennenswerte touristische Destination gibt es seit ungefähr 15 Jahren. Dabei ist die touristische Marke „Patagonien" keine chilenische Erfindung. Sie wurde erstmals von Argentinien beworben.

„Es importante, reconocer que la noción territorial de »Patagonia«, ha sido impuesta en los mercados turísticos internacionales, inicialmente por la gran acción promocional, que ha realizado la vecina región austral Argentina [...]" [51] (COLOME/AGUILAR 2001, S. 24).

Trotzdem ist man sich in Chile sicher: *„el gran potencial [...] se encuentra en la Patagonia Chilena"* [52] (ebda, S. 25). Gemeint sind damit die westliche Kanalzone, die Nationalparks und die Gletscher (vgl. ebda und Interview E7). *„Man muss dafür sorgen, dass diese Begriffe verknüpft werden mit dem chilenischen Patagonien"*, fordert Felipe (Interview E7). Mit dem Slogan „Patagonien soll chilenisch werden" könnte man diesen Aneignungsprozess umschreiben.

„In Europa werden patagonische Gletscher in erster Linie mit Calafate in Argentinien verbunden. [...] In Calafate ist es nur ein Ausläufer [des südlichen Eisfeldes] *nicht mehr. Im Bereich der Kanäle haben wir hingegen 48 Gletscher. Dass müssen wir noch stärker publizieren [...]".*

Das „Konzept" Patagonien, von Argentinien übernommen, soll nun durch verstärktes Marketing vor allem mit Chile assoziiert werden. FELIPE verdeutlicht damit auch eine weitere Richtung, in die die Entwicklung des chilenischen Teils von Patagoniens gehen soll: Gletschertourismus. Gerade in diesem Bereich sowie in der Kanalzone des pazifischen Ufersaums werden die zukünftigen Entwicklungs- und Erschließungspotenziale gesehen[53].

Eine Erweiterung des Angebots ist dringend notwendig. Die wenigen Punkte, die bisher touristisch und infrastrukturell erschlossen sind, laufen Gefahr, überbeansprucht zu werden. Eine Entspannung des auch durch eigenes Marketing mitverursachten Besucheransturms könnte man durch die Erschließung neuer Gebiete erreichen. Geschieht diese aber nicht mit der nötigen Sensibilität und nehmen die Besucherzahlen in gleichen Umfängen zu wie bisher, würde langfristig betrachtet eine paradoxe Situa-

---

51 „Es ist wichtig anzuerkennen, dass die (territoriale) Vorstellung von Patagonien anfänglich durch starke Werbebemühungen des benachbarten Argentinien in die internationalen touristischen Märkte eingeführt wurde" (eigene Übersetzung).
52 „Das überwiegende [touristische] Potenzial befindet sich im chilenischen Patagonien" (eigene Übersetzung).
53 Allerdings ist auch in Patagonien ein Rückgang der Gletscher bemerkbar (vgl. z. B. Artikel in der SZ vom 11.02.2004, S. 9).

tion entstehen: Mit einer Neuerschließung in größerem Umfang würden die „weißen Flecken" der massentouristischen Landkarte zunehmend verschwinden und damit die Exklusivität der Destination einer Normalität weichen.

Es genügt aber nicht, nur das Angebotsspektrum zu erweitern. Auch die Servicequalität muss verbessert werden (Interview E6 und E7). XIE und SCHNEIDER (2004, S. 64), die sich mit dem Angebot von Abenteuertourismus in der Region befassten, bemerkten *„a general lack of managment skills, environmental conservation, service quality and foreign language training among operators working in adventure tourism."* Auch Bernd (Interview E2) bestätigt, dass solche Mängel die Arbeit der Reiseanbieter erschwere. Da die Situation in Argentinien allerdings noch problematischer wäre, glaubt er, dass die Anbieter auch zukünftig eher das chilenische Potenzial nutzen werden.

Entstanden ist der Tourismus in der Region vor allem aus privater Initiative heraus. In einer ansonsten eher strukturschwachen und vom Rest Chiles isolierten Region hat er sich zu einer wichtigen Arbeits- und Einnahmequelle entwickelt. Das wird, zumindest von staatlicher Seite, auch erkannt und zunehmend gefördert[54]. Nun fehlt eine gemeinsame Agenda, um eine dauerhafte und nachhaltige Entwicklung zu gewährleisten (Interview E7 und E10). Das Marketingprogramm *„La comercializatión de la Patagonia"* in Form einer public-privat-partnership hat gezeigt, dass so etwas prinzipiell möglich ist.

Allerdings sollten die Bemühungen dabei stärker auf die Evaluierung der bisherigen Entwicklung und daraus abgeleitet auf die Erstellung eines übergeordneten Leitkonzepts gerichtet werden, als auf die Intensivierung des Marketings. Eine Problematik, mit der man in Chile generell zu kämpfen scheint:

"El turismo chileno es un buque con el potencial de un digno crucero, pero tiene tantos capitanes que navega lento e irresoluto. No arriesga hundirse, pero de seguir así difícilmente llegará a buen puerto" (MARTINIC 2003, o. S.)[55].

---

54 Dass innerhalb der Bevölkerung der Wandel von einer auf dem primären Sektor aufbauenden Erwerbswirtschaft hin zu einer Dienstleistungskultur noch lange nicht abgeschlossen ist, bestätigt José (Interview E8): *„Die Leute befinden sich immer noch in der großen Lethargie, die mit dem Niedergang der Viehwirtschaft und der Schließung der Minen in Rio Turbio kam. Es gab früher hier einen großen Reichtum. Doch dann plötzlich ging alles Pleite, und die Leute verfielen für viele Jahre in eine Lethargie. Seit sechs, sieben Jahren fangen sie wieder an aufzuwachen und merken, dass der Tourismus die Zukunft dieses Ortes ist."*

55 *„Der chilenische Tourismus ist ein Schiff mit dem Potenzial eines angesehen Kreuzfahrtschiffes. Aber es hat so viele Kapitäne, dass es langsam und unentschlossen umherfährt. Zwar besteht nicht die Gefahr des Sinkens, aber wenn es so weiterfährt, wird es nur mit Schwierigkeiten einen guten Hafen finden"* (eigene Übersetzung).

4 Grenzziehungen

> *„The geographical limits of Patagonia have never been fixed by law or even by common usage"* (BIRD 1946, S. 17).

Obwohl der Name Patagonien die älteste (von Europäern geprägte) Bezeichnung jener Region ist, hat er sich nie, weder in Chile noch in Argentinien, als eine politisch-administrative Benennung durchsetzen können. Aus der ursprünglichen Bezeichnung für eine indigene Gruppe ist heute vor allem eine touristische Marke geworden, die, so scheint es zumindest, von verschiedenen Akteuren (beliebig) definiert und verschoben wird. Bedeutsam ist dies vor allem für die Konsumenten:

> *„Ich glaube nicht, dass es dasselbe ist, nach Patagonien zu fahren oder in den Norden in die Atacama Wüste. Patagonien hat ein bestimmtes Image. Wenn man jemandem erzählt, man war in der Atacama Wüste [...], dann ist das nicht, wie wenn man sagt, man war in Patagonien."* [56]

Um dieses Image konsumieren zu können, sollte man zumindest wissen, wo es liegt, oder besser gesagt, wo es beginnt. Doch insbesondere im chilenischen Bereich ist die Abgrenzung schwierig, man könnte sogar sagen „umkämpft".

Folgende Kapitel sind kein Versuch einer endgültigen Grenzziehung. Vielmehr soll gezeigt werden, dass es keinen allgemein gültigen Konsens über die definitorische Abgrenzung Patagoniens gibt. Gleichzeitig zeigt dieses Kapitel, wie räumliche Grenzziehungen auch sozial konstruiert werden. Es gibt kaum überzeugende Faktoren, die eine Ab- oder Eingrenzung Patagoniens rechtfertigen würden. Vielmehr ist diese bestimmt durch verschiedene subjektive Standpunkte und individuelle Interessen.

Ein einführendes Beispiel soll die verschiedenen Wahrnehmungen der Extension darstellen. Die Juliausgabe (2004) der Zeitschrift *Outdoor* stellt unter dem Titel: „ *Wildes Land. Eine Outdoor-Rundreise durch Patagonien"* eben jenes „Land" vor. Besonderes Augenmerk richtet der Autor dabei auf den Norden, *„Vulkane, Seen, Traumtreks – Patagonien, wie es keiner kennt".* Als nördlichsten Punkt Patagoniens präsentiert er dabei den Nationalpark *Laguna del Laja*, ungefähr bei 37° südlicher Breite gelegen (vgl. GANTZHORN 2004b, S. 16 ff.). Die zweite Referenz ist die Meinung eines interviewten Touristen. Mit dem Verweis auf seine zahlreichen Reisen in die Region lässt dieser Patagonien *„eigentlich schon in Perito Moreno, Argentinien"* bei ungefähr 46° südlicher

---

[56] Notiz aus einem Gespräch mit zwei deutschen Touristen, geführt am 20.11.2003 in den Termas de Puyuhuapi.

Breite (Interview T8) beginnen. Die Distanz von ungefähr 1000 Kilometern zwischen diesen beiden Extremwerten verdeutlicht die Diskrepanz der Wahrnehmung.

Dass dies in Patagonien keine rezente Problematik, sondern ein vielmehr sich seit der Entdeckung bis heute hinziehender Prozess ist, werden die folgenden Kapitel verdeutlichen. Kapitel 4.1 verfolgt die historischen Spuren der Abgrenzung Patagoniens. Anschließend stellt Kapitel 4.2 rezente Grenziehungen vor, die in Kapitel 4.3 in die subjektive Betrachtungsweise überleiten.

4.1 Historische Grenzziehungen

Der folgende Abschnitt untersucht primär Karten. Sie sind einerseits oft die einzigen Quellen und ermöglichen anderseits eine kontinuierliche Nachvollziehbarkeit. Hierbei dienen DREYER-EIMBCKE (1996) und insbesondere MARTINIC (1999) als Grundlage. Letztgenannter hat mit seinem Werk „*Cartografía Magallánica, 1523–1945*" das wohl umfassendste Werk zu dieser Thematik publiziert.

Als wahrscheinlich erste Karte, die auf Patagonien verweist, muss die „*Carta Universal*" von *Diego Ribero* (vgl. MARTINIC 1999, S. 6) gelten. Aus dem Jahr 1529 stammend führt sie neben der Magellanstrasse auch ein Gebiet namens „*Tiera de Patagones*" auf. Gleichzeitig wird aber auch ein Gebiet namens „*Tiera de Fernã de Magallaes*", zwischen den beiden erstgenannten gelegen, aufgeführt. Magellanland grenzt damit direkt an die Magellanstrasse, erst nördlich davon folgt Patagonien. Jene beiden Begriffe, Patagonien und Magellanland, wurden in den folgenden Jahrhunderten oft abwechselnd oder nebeneinander gebraucht.

Im 17. Jahrhundert hatte sich die Reihenfolge der Nennung weitgehend umgekehrt. Im Anschluss an die Magellanstrasse folgte nördlich Patagonien. Allerdings ist aus dem ursprünglichen „*Land der Patagonen*" eine „*Patagonum Regio*" (*Tabula Magellanica* von *Joannes Janssonius*, 1652; in: MARTINIC 1999, S. 55) oder einfach „*Patagons*" geworden (*Detroit de Magellan, Terre et isles Magellaniques* von *Nicolás Sanson d'Abbeville*, 1658; in ebda). Daran schließt sich als weitaus größerer, im Gebiet östlich der Kordillere gelegener Bereich, das Magellanland an.

Von diesem Zeitpunkt an hatte sich der Begriff Patagonien für den südlichsten Bereich Südamerikas etabliert und wurde von den Kartographen regelmäßig publiziert. Doch erst im 19. Jahrhundert konnte er sich endgültig gegen den Begriff Magellanland durchsetzen und nahm dessen Stelle in den darauf folgenden Karten ein.

Ein möglicher Grund dafür könnte sein, dass der Name wieder stärker als Umschreibung des Lebensraums indigener Gruppen diente. So vermerkt die Patagonienkarte von *Rapkin* (1851) unter dem Schriftzug Patagonien: *„Inhabited by wandering tribes of indians"* (vgl. MARTINIC 1999, S. 117). Auch die Chile- und Argentinien-Karte von *Justus Perthes* (1881–1887; ebda, S. 133) verweist auf diesen Zusammenhang. Hier wird der Begriff *Patagons* nur als alternative Stammesbezeichnung für die in der argentinischen Provinz Santa Cruz ansässigen Tehuel-che [im Original mit Bindestrich] verwendet. Diese These wird auch durch die Aussage des Salesianermissionars San Juan BOSCO von 1876 gestützt:

„[...] *en realidad las tribus de los Patagones no sometidos se extienden hacia el Noroeste hasta el grado 35º. Después al sur, abarcando también las islas que forman la tierra del fuego, llegamos a la latitud de 57º grados; y esta es la extensión exacta que aquí se da a la palabra Patagonia"* (San Juan BOSCO 1986, S. 49)[57].

Damit liegt eine frühe Abgrenzung Patagoniens vor. Als Grundlage für die Grenzziehung dient der Lebensraum indigener Gruppen. Spätestens 1919 soll sich das zumindest für den westlichen Bereich ändern. Mit seinem zweibändigen Werk *„Westpatagonien"* bringt der deutsche Geograph Hans STEFFEN (1865–1936) eine erste umfassende geographische Abhandlung über den chilenischen Teil Patagoniens heraus. Im Auftrag der chilenischen Grenzkommission unternahm er ab 1892 neun Reisen in besagtes Gebiet.

Eine Trennung in West- und Ostpatagonien ist seiner Meinung nach durch die unterschiedlichen geologisch-geomorphologischen Entstehungs- und Prägungsprozesse gerechtfertigt. Das östliche oder *„eigentliche Patagonien"*, wie er es nennt, definiert er als Gebiet, das *„sich von der atlantischen Küste und dem östlichen Teil der Magellanstrasse binnenwärts bis über den Río Negro im Norden und gegen den Fuß der Kordilleren im Westen ausdehnt"* (STEFFEN 1919, S. 3).

Westpatagonien hingegen setzt er mit der *„patagonischen Kordillere"* gleich und stellt damit die Frage der Abgrenzung zur übrigen Kordillere. Die Antwort findet er in einer markanten Tiefenlinie südlich des 41. Breitengrades. Eine Linie zwischen dem *Llanquihuesee* auf chilenischer Seite und dem *Nahuel Huapi See* auf argentinischer Seite bilde somit die Nordgrenze Westpatagoniens. Das Seengebiet wäre damit weitgehend

---

57 *„In der Realität jedoch breiten sich die Stämme der nicht unterworfenen Patagonier im Nordwesten bis zum 35° Grad aus. Im Süden sind auch jene Inseln enthalten, die Feuerland bilden, somit wird eine Breite von 57° Grad erreicht; und dies ist die genaue Ausdehnung, für die hier der Name Patagonien gebraucht wird"* (eigene Übersetzung).

außerhalb Patagoniens gelegen. Die Insel *Chiloé* rechnet STEFFEN aus morphologischen und kulturgeographischen Gründen ebenfalls nicht mit zu Westpatagonien (vgl. ebda, S. 4 f.).

Er verwirft damit eine breitenkreisparallele gemeinsame Nordabgrenzung des westlichen und östlichen Patagoniens. Während der westliche Teil bei ungefähr 41º südlicher Breite endet, erstreckt sich das östliche Patagonien bis fast 38º südlicher Breite. Als südliche Abgrenzung schlägt Steffen die Magellanstrasse vor, da hier das Gebirgssystem in eine andere Streichrichtung umbiegt (vgl. ebda, S. 5).

Für BORSDORF ist diese südliche Trennlinie jedoch nicht relevant. In seiner Untersuchung zur Regionalentwicklung der Region Aisén definiert er Westpatagonien als *„das Gebiet südlich von 42º s. Br. ohne die Insel Chiloé bis zum Kap Hoorn und von der Pazifikküste zur chilenisch-argentinischen Grenze [...]"* (BORSDORF 1987, S. 25).

4.2   Rezente Grenzziehungen

Im Folgenden werden exemplarisch drei aktuelle Abgrenzungsmöglichkeiten vorgestellt. Sie stammen aus drei verschiedenen Medien (Reiseführer, Bildband und Internetseite) und geben jeweils ein Beispiel für die Vielzahl an Abgrenzungsmöglichkeiten. Folgendes Zitat aus dem Reiseführer „Patagonien mit Feuerland" weist bereits auf die Uneinigkeit bei der Abgrenzung hin:

> *„Wo es liegt, glaubt jeder zu wissen, nämlich tief unten auf dem südamerikanischen Kontinent. Aber stellt man [...] die Frage wo dieses »tief unten« denn nun beginnt und endet, werden die Antworten vage. [...] Definieren es die einen als Süd-Südamerika, also als Südargentinien und -chile, mal inklusive, mal exklusive Feuerland, so andere als Südargentinien ohne Südchile bzw. inklusive nur der südchilenischen Provinz Magallanes; mal wird die Nordgrenze durch die Seenregion gezogen, mal 1000 km nördlich"* (MÖBIUS/STER 2001, S. 50).

Für sich selbst definieren die Autoren Patagonien als Bereich zwischen Kap Hoorn und dem *Río Colorado* auf argentinischer Seite nebst der Region Magallanes in Chile. Gründe für diese Festlegung nennen sie keine. Man beruft sich lediglich auf die *„offizielle argentinische Definition"*. Demzufolge sollen die vier südlichsten Provinzen Argentiniens (Nequén, Río Negro, Chubut und Santa Cruz) zusammen unter der Bezeichnung Patagonien firmieren. Die Nordgrenze wäre somit der Verlauf des *Río Colorado*.

Aus geographischer Sicht erscheint diese Einteilung nachvollziehbar, bildet doch besagter Fluss eine zwar permeable doch sichtbare agrarische Nutzungsgrenze zwischen der nördlich liegenden Pampa mit Getreideanbau und der südlich gelegen Steppe, die durch extensive Viehhaltung geprägt ist[58]. Für Chile merken die beiden Autoren an, dass die Chilenen selbst nur ihre südlichste Provinz als Patagonien bezeichnen würden. Wie Abbildung 14 belegt, kann dem allerdings nicht zugestimmt werden.

Ein interessantes Detail dieses Führers ist die Tatsache, dass das Titelbild (Katamaran vor Gletscher[59]) eine Szenerie aus der chilenischen Region Aisén wiedergibt. Im Führer wird diese jedoch weder erwähnt noch Patagonien zugerechnet. Das könnte ein Bildfehler sein, entspricht aber zufällig genau dem, was nach Einschätzung eines Tourismusmanagers der Reisende in Patagonien sehen möchte: *„Ich glaube, der will Natur sehen, Eisfelder, Gletscher, Fjorde, Wind spüren, ein bisschen was an Tieren, Kondore, Gletscher hatte ich schon gesagt, Berge, Pampa, Wälder"* (Interview E4).

Auf dem Einband des Bildbands *„Patagonien, Begegnung mit dem Horizont"* findet sich folgendes Zitat für das zweite Beispiel: *„Patagonien – noch immer ein Land der Träume: Das weite Land im Süden Argentiniens steht heute nicht zuletzt für die Begegnung mit einer unermesslichen Natur"* (ASAL/STADLER 2000). Deutlich geht daraus schon die Abgrenzung hervor. Als Nordgrenze dient wieder der *Río Colorado*, Feuerland wird nicht eingeschlossen, ebenso wenig wie Chile. Ganz im Sinne STEFFENS beschränkt man sich auf das *„eigentliche Patagonien"*. Die Kordillere dient lediglich als Stütze, denn *„mit seinem gesamten Rücken lehnt es* [Patagonien] *an Chile"* (ASAL/STADLER 2000, S. 60), erfährt man im 20-seitigen Reiseinformationsteil des Bildbands. Eine Begründung, weder für die Extension des argentinischen Patagoniens noch für die Exklusion des chilenischen Teils, gibt der Bildband nicht.

Als drittes Beispiel soll die chilenische Patagonien-Internetseite von Sernatur dienen. Unter schon erwähntem Label *„Patagonia, Chile"* gibt Sernatur in spanischer und englischer Sprache einen Überblick über Patagonien. Die Abgrenzung erfolgt dabei nach administrativen Kriterien. Obwohl eine die Karte begleitende Erklärung an der Tiefenlinie von Steffen festhält und diese als *„hundertjähriger geographischer Konsens"*[60]

---

58 Auch ROHMEDER (1943, S. 280) sieht im Río Colorado die nördliche Grenze, die er aber nicht nur agrarisch definiert: *„Südlich davon treten die Landschaftsmerkmale auf, die wir als patagonisch bezeichnen: Tafelländer, Basalthochflächen und Kuppen, Steilküste, westöstlich gerichtete Flüsse mit Gezeitenmündung, abflusslose Landblöcke, Busch- und Grassteppe, Schafzuchtland."*
59 Dargestellt ist der Katamaran Patagonia Express, der zu Patagonia Connection gehört. Diese Firma betreibt das Hotel & Spa Termas de Puyuhuapi. Der Katamaran dient zum Transfer der Gäste und wird auch für regelmäßige Exkursion an den San Rafael Gletscher genutzt (vgl. auch Kap. 3.2 und 6.3.1).
60 Internetseite: http://www.patagonia-chile.com

der Abgrenzung darstellt, verläuft die Grenze südlich der Provinz Palena und damit entlang der Grenze zwischen X. und XI. Region. Auch FELIPE (Interview E7) stimmt dieser Abgrenzung zu: „*Im Norden beginnt Patagonien direkt südlich von Puerto Montt. Es ist national so definiert, dass es mit der Provinzgrenze von Palena* [Grenze zwischen X. und XI. Region] *beginnt.*"

Die beiden südlichsten Regionen Chiles werden demzufolge aus chilenischer Sicht als Patagonien bezeichnet, während man für Argentinien die Nordgrenze des Río Negro angibt.

Das chilenische Seengebiet ist damit (anders als das argentinische) ausdrücklich exkludiert, wohl auch, weil die touristische Akzeptanz ohnehin schon sehr stark ist und sich somit eine weitere touristische Marke etablieren lässt.

Verwirrend wird es allerdings, wenn ein potenzieller Tourist neben der chilenischen auch die argentinische Internetseite zu Patagonien aufsucht. Der *„meistbesuchte »Ort« in Patagonien"*, so die Eigenwerbung[61], zählt auch das komplette chilenische Seengebiet zu Patagonien. Wie die Touristen diese Vielfalt an Abgrenzungsmöglichkeiten inkorporieren, zeigt das folgenden Kapitel.

4.3   Subjektive Grenzziehungen

In allen Interviews (Touristen und Experten) wurde jeweils die Frage gestellt: „*Wo beginnt Patagonien im Norden?"* Die Abbildungen 15 und 16 geben die Antworten graphisch aufbereitet wieder.

Bei den Besuchern der Region wird deutlich, dass sie beispielsweise das chilenische Seengebiet nicht zu Patagonien zählen. Im Gegenteil, sie sehen es zumeist als Abgrenzungskriterium: *„rein gefühlsmäßig würde ich mal sagen* [...] *also was so südlich von Puerto Montt losgeht"* (Interview T6). Dabei wird auch eine große Unsicherheit der Befragten deutlich:

> *„ich hatte eigentlich immer gedacht, Patagonien ist hier mehr so vom Torres del Paine runter bis zu, ich weiß gar nicht, ob zum Beispiel Feuerland dazugehört* [...]*.*

---

61 „El sitio mas visitado de la Patagonia" (Flyer zur Internetseite: http://www. interpatagonia.com) verzeichnet nach eigenen Angaben mehr als 240.000 Zugriffe pro Monat. Betreut wird die Seite im argentinischen San Martin de los Andes. Im Gegensatz zur chilenischen Internetseite werden hier auch alle relevanten Orte des Nachbarlandes aufgeführt (vgl. ebda).

Aber ich weiß, dass er [Begleiter] *letztens was gelesen hat, dass es von der Seenregion südwärts* [geht]*."* (Interview T2).

Abbildung 15: „Wo beginnt Patagonien im Norden?" Interviews Touristen (n=13)

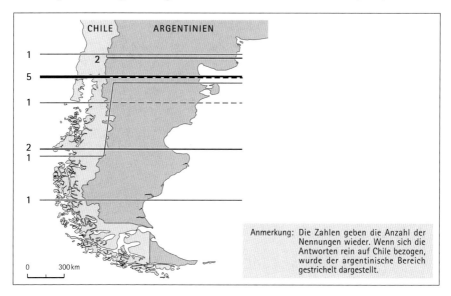

Quelle: Eigene Erstellung, mod. von A. Kaiser

Erwartungsgemäß zeigt sich, dass der Süden (XII. Region) sehr viel stärker als Patagonien wahrgenommen wird und anerkannt ist. Je weiter nach Norden, desto unschärfer wird die Abgrenzung und desto größer die Zweifel.

Bei den Experten ergibt sich eine ähnliche Einordnung. Die Mehrheit hat sich für die Grenze unterhalb Puerto Montts beziehungsweise für die offizielle Abgrenzung zwischen der X. und XI. Region ausgesprochen. Die beiden Nennungen, die das Seengebiet einschließen, stammen aus dem Bereich der Reiseanbieter.

Allerdings versucht Bernd, für ihn beginnt Patagonien bereits bei Temuco, seine Aussage zu relativieren: *„In der Praxis wenden wir aber den Begriff Patagonien hauptsächlich an für die Region um Punta Arenas, mit Torres del Paine und Calafate"* (Interview E2). Die Aussage verdeutlicht, dass Patagonien touristisch „verwendet" und definiert wird.

Die Reiseanbieter haben die Möglichkeit, über ihre Produkte festzulegen was „patagonisch" ist (vgl. hierzu auch Kap. 6.3). Aber nicht nur die Reiseanbieter, auch Reisejournalisten greifen in diesen Prozess ein. Unter dem Titel „*Patagoniens andere Seite*" stellt GANTZHORN im Reisemagazin *terra* (2/2005, S. 12) Trekkingtouren im Seengebiet vor. In dem ebenfalls von ihm verfassten Trekkingführer „*Patagonien*" (GANTZHORN 2004a) stellt er insgesamt 15 Trekkingtouren in der Region vor. Sechs davon befinden sich nördlich der offiziellen chilenischen Abgrenzung für Patagonien. Für GANTZHORN (2004a, S. 7) stellt der Río Colorado (und dessen Verlängerung durch Chile) die nördliche Grenze dar. Auch für BEDNARZ (2004, S. 12) beginnt Patagonien schon in diesem Bereich. In seinem Reisebericht beruft er sich dabei auf „*jüngste Darstellungen*", lässt aber offen, welche.

Abbildung 16: „Wo beginnt Patagonien im Norden?" Interviws Experten (n=9)

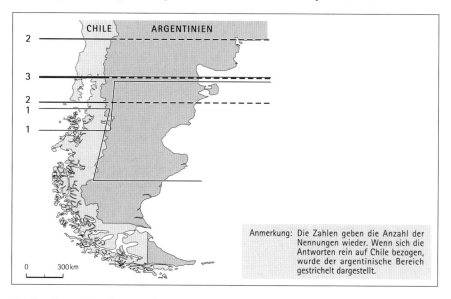

Quelle: Eigene Erstellung, mod. von A. Kaiser

Den Gründen für die Differenz zwischen der offiziellen Tourismuspolitik und den privaten Akteuren kann an dieser Stelle nur spekulativ nachgegangen werden. Augenscheinlich ist, dass sich mit einer Ausweitung auch ein größeres Angebotsspektrum unter dem Label Patagonien verkaufen lässt. Dass auch auf kommunaler, bzw. regionaler Ebene der Wunsch besteht, Patagonien „auszudehnen", glaubt Felipe (Interview E7):

„Logisch, dass sich auch die nördlichen Regionen als Patagonien verkaufen wollen. Das geht hoch bis zur 7. Region, denn Patagonien ist eine Marke."

Da aber aus Sicht der Touristen eine (zumindest bislang noch) differenzierte Trennung zwischen Seengebiet und Patagonien erfolgt, bleibt abzuwarten, welche Abgrenzung sich für den chilenischen Teil auf Dauer durchsetzten wird. Es wird aber deutlich, dass verschiedene Interessensgruppen Patagonien unterschiedlich abgrenzen und damit auch verschiedene (eigene) Vorstellungen davon realisieren und kommunizieren. Vielleicht wird Patagonien somit in Zukunft auf der touristischen Landkarte noch „weiterwachsen".

4.4 Grenzen in Patagonien: „Wo die Straße aufhört..."

Die Konstituierung Patagoniens ist ein andauernder Prozess. Sie begann mit der Magellanschen Benennung für die vor Ort angetroffene indigene Bevölkerung. Aus dem „Land der Patagonier" wurde Patagonien, das den Namen heute eigentlich kaum noch verdient. Jules VERNE (1970, S. 69) lässt es seinen Protagonisten *Paganele* pragmatisch formulieren: *„Patagonien ohne Patagonier ist kein Patagonien mehr."*

Spätestens mit dem Einsetzten des Tourismus wurde der Name jedoch neu verwertet: Patagonien wurde zu einem *„Wort des Marketings"* (Interview E10)[62]. Selbst in die regionalen Entwicklungspläne einzelner Gemeinden ist das „mythische Konzept" schon eingeschrieben. So vermerkt der kommunale *Plan de Desarrollo* (Entwicklungsplan) von Puerto Natales, dass die landschaftlichen Attraktivitäten der Region auch

> "[...] *se relacionan con el concepto mítico "Patagonia" de sumo interés para los europeos y norteamericanos por estar fuertemente cargados de símbolos e imágenes que son el producto de su situación geográfica e histórica: fin del mundo, terra australis, tierra ignota,......[...]* " (Plan de Desarrollo, Comuna de Natales [PLADECO] 2003, S. 15)[63].

---

62 Dass der Name Patagonien als Marke zum Teil bis auf das Äußerste strapaziert wird, lässt sich an der touristischen Inwertsetzung der argentinischen Provinz Neuquén nachvollziehen. Die Provinz ist viergeteilt in *das Patagonien der Täler und Vulkane, das Patagonien der Thermen, die Steppe der Dinosaurier und das Patagonien der Seen* (vgl. Broschüre Patagonien Argentinien Neuquén).

63 *„zusammenhängen mit dem mythischen Konzept »Patagonien«, das von höchstem Interesse ist für die Europäer und die Nordamerikaner, da es sehr stark aufgeladen ist mit Symbolen und Bildern. Diese sind das Produkt der geographischen und historischen Situation: Ende der Welt, südliches Land, unbekanntes Land..."* (eigene Übersetzung).

Die Bedeutung der Region wird auch auf einer imaginativen Ebene konstituiert. Deutlich wird auf die Zielgruppen hingewiesen, die von Symbolen und Bildern angezogen werden. Patagonien, so die Schlussfolgerung, verkörpere die „letzte Grenze" („ultima frontera"; vgl. ebda) in einem Tourismus, der permanent nach peripheren unberührten Räumen abseits des Massentourismus suche.

Diese letzte Grenze manifestiert sich auf zwei Ebenen. Sie wird einerseits als räumliche Abgrenzung forciert. Dabei wurden die vorrangig ethnologischen Grenzziehungen zu Beginn des 20. Jahrhunderts durch geographische ersetzt. Diese wiederum werden heute primär im touristischen Diskurs definiert und verschoben. Insbesondere das Kapitel 4.2 hat gezeigt, dass eine einheitlich kommunizierte Abgrenzung des chilenischen Patagoniens bisher nicht gefunden wurde.

Andererseits findet diese letzte Grenze auch Eingang in die imaginäre Welt.

Frage: *Wo [...] beginnt Patagonien [...] ?*
Antwort: *Da, wo die Straßen aufhören.*   (Interview T10)

Dieses Zitat verdeutlicht, dass Patagonien nicht nur als geographisch eingrenzbarer, räumlich verortbarer Raum wahrgenommen wird, sondern auch als eine ideelle Projektionsebene von Imaginationen. „*In Patagonien gibt es keine Grenzen*", schreibt BÜHLER (2005, o. S.) in einer Buchrezension und meint damit, dass Freiheit sich nicht eingrenzen ließe. Beim Beschreiben ihre ersten Eindrücke pflichtet eine Touristin bei: „*Also mir scheint es sehr frei*" (Interview T14). Neben der physischen (Reise-)Welt existiert eine imaginäre, die erstere mit Bedeutungen auflädt. Die Grenzziehung Patagoniens ist somit ein Prozess, der beide Ebenen umfasst, und innerhalb dessen eine Grenze ausgehandelt wird.

Äußerlich mag sich obiges Zitat auf das Fehlen infrastruktureller Gegebenheiten beziehen, innerlich wird damit aber etwas anderes ausgedrückt. Die Loslösung von vorhandenen (gesellschaftlichen) Strukturen und damit die Hinwendung zu Attributen, die sich scheinbar nur noch an der Peripherie menschlichen Daseins finden lassen: Wildnis, Abenteuer und damit auch immer das Gefühl von Freiheit.

5 Theoretische Grundlagen

Die folgenden drei Kapitel vermitteln die theoretischen Grundlagen für die sich anschließenden Kapitel der Produktion und Konsumption Patagoniens. Zuerst (Kap. 5.1) soll der Begriff Mythos in seinem alltäglichen Gebrauch und seiner Anwendung in Verbindung mit Patagonien kritisch beleuchtet werden. Danach offeriert Kapitel 5.2 eine andere Leseweise von Mythos, die auf den semiotischen Überlegungen von BARTHES und WÖHLER basiert. Dies stellt den Versuch dar, die Bedeutungskonstruktion und deren subjektive Auslegung in einem theoretischen Kontext zu verorten. Abschließend wird Patagonien noch aus einer tourismustheoretischen Perspektive betrachtet.

5.1 Mythos? Bemerkungen zur begrifflichen Abgrenzung

Mythos Patagonien, so lautet der Titel dieser Arbeit. Er entstand allerdings nicht primär aus dem Kontext einer theoretischen Begründung heraus. Vielmehr soll er die bloße Produktionsstrategie[64] Patagoniens wiedergeben und damit ebenso versuchen, Interesse zu wecken. Doch was ist ein Mythos überhaupt?

Der Begriff Mythos ist zu einem gesellschaftlichen Modewort geworden, dessen inflationärer Gebrauch augenscheinlich ist. Es gibt keine Thematik, die sich nicht mythologisieren ließe: Mythos Baum, Mythos Motivation, Mythos Diana[65] etc. Die Sinnhaftigkeit indes scheint umstritten:

> „*Mythos ist zu einer Bezeichnung schlechthin für alles und jedes geworden. Die Vieldeutigkeit, die im Begriff des Mythischen liegt, scheint angesichts der Fragwürdigkeit der Benennung von gesellschaftlichen Phänomenen, die im Zeichen allgemeiner, vorrangig technologischer Umstrukturierungen ihre alte Bedeutung nicht nur verlieren, sondern auch – aufgeladen mit neuen Bedeutungen – behalten, zu explodieren*" (RAMER 1987, S. 14).

Dem häufigen Gebrauch, durchaus „*geeignet* [, um] *die Aufmerksamkeit des Rezipienten zu erregen*" (TEPE 2001, S. 15), steht eine Vielzahl von Deutungsmöglichkeiten gegenüber. Diese stehen allerdings im Widerspruch zu einem allgemein vorausgesetzten

---

64 Unter dem Begriff Produktionsstrategie werden alle produzierten Äußerungen über Patagonien verstanden. Diese können sowohl von touristischen Akteuren als auch von Privatpersonen stammen. Verschiedene Akteure (z. B. Reiseanbieter, Journalisten, Privatpersonen) sind in unterschiedlichem Maße und mit unterschiedlichen Intentionen an der Bedeutungsproduktion beteiligt.

65 Alle Beispiele beziehen sich auf Buchtitel, die beim Internet-Versandhaus Amazon (http://www.amazon.de) bestellt werden können (Abfrage vom 10.09.2004).

Theoretische Grundlagen 69

Konsens über den Gebrauch des Begriffes. Der Versuch einer Mythos-Typisierung von TEPE (2001, S. 16) macht deutlich, dass den Begriff *„geradezu ein Bedeutungschaos"* prägt. In einer Untersuchung von Zeitungsartikeln und Werbeanzeigen förderte er nicht weniger als 68 Deutungsebenen zu Tage. Das Spektrum reicht dabei von den Helden- und Göttersagen der griechischen Antike über Leitideen oder -vorstellungen (als neutralem Mythosbegriff) bis hin zu Irrtum, Vorurteil oder Illusion (ebda, S. 16–69).

Auch bei etymologischer Betrachtung des Wortes Mythos herrscht Uneinigkeit. Die Herkunft des Wortes kann auf mehrere indoeuropäische Wurzeln zurückgeführt werden. Entsprechend vielfältig sind damit auch die Deutungsmöglichkeiten. Einerseits wird es neutral als „Rede, Wort, Bericht" definiert, andererseits wird auch das Element der Irrealität in Form von „Gerücht, Erzählung, Märchen und Fabel" erwähnt. *„Man kann leichten Gewissens sagen, dass es so viele Definitionen wie Erklärungsversuche gibt"*, fasst KODAKOS (2003, S. 12 f.) die Debatte zusammen. Der vorherrschende wissenschaftliche Dissens macht einen Definitionsversuch somit unmöglich.

Betrachtet man den publizierten „Mythos Patagonien" näher, so zeigt sich auch hier eine Vielzahl von Interpretationsmöglichkeiten. Im Folgenden soll primär auf Aussagen zurückgegriffen werden, die explizit das Wort „Mythos" beinhalten.

„Der Mythos Patagoniens mit seinen langen Sommertagen, seiner Einsamkeit und dem ewigen Wind wird sich besonders an [sic!] den außergewöhnlich schönen Camps, den abendlichen Lagerfeuern, bei vielen Bergwanderungen und Aktivitäten für immer einprägen" (Broschüre Kondor Tours).

Die Romantik des Lagerlebens kreiert demzufolge den Mythos. Ein spezifisch patagonisches Mythoselement ist aber nicht erkennbar. Es wird augenscheinlich, dass dieser „Mythos" letztlich als Worthülse für die Gestaltung des Werbematerials dient. Dass dies ein übliches Vorgehen ist, bestätigt BERND (Interview E2): *„Wir benutzen den Mythos Patagonien, um Leute zu interessieren, wenn zum Beispiel Diavorträge gemacht werden oder Roadshows in unseren Zielmärkten."* Aber was genau verbirgt sich hinter dem Mythos Patagonien?

„Da stecken viele Geschichten dahinter. Wenn man das Buch liest von Bruce Chatwin, »In Patagonien«, kriegt man so ein bisschen von dem Mythos mit. Es sind eigentlich die Geschichten von den Ureinwohnern in Patagonien und die Geschichten von den Einwanderern. Und was halt immer in der ganzen Sache mitspielt, ist auch das Klima. Aber was jetzt genau hinter dem Mythos steckt, vielleicht ist es gerade das, was den Mythos ausmacht, dass es keiner genau definieren kann" (Interview E2).

Sind es nun viele Geschichten oder ist es die Geschichte, die den Mythos konstituieren bzw. konstituiert? Die Rolle von Bruce CHATWIN wird an späterer Stelle noch diskutiert (vgl. Kap. 6.1). Übrig bleibt damit eine Undefinierbarkeit, die ohne den Zwang der Rechtfertigung eine weite Verwendung des Begriffes erlaubt.

„Patagonien ist ein mythischer Ort, ein Symbol für Entdeckungsreisen schlechthin", lautet ein weiteres Diktum eines Anbieters. Unter dem Verweis der Entdeckungsgeschichte, dabei fallen Namen wie *Magallanes, Drake, Darwin und Chatwin*, ergibt sich eine direkte sprachliche Analogie zwischen dem „Mythos des Entdeckens" und dem Verfasser Explora (vgl. Broschüre Explora en Patagonia).

Gibt man beim Internetsuchdienst *Google*[66] die Worte Mythos und Patagonien ein, werden 638 gefundene Seiten ausgegeben. Ein Großteil der Treffer sind Wiederholungen beziehungsweise Seiten, bei denen die Wörter Mythos und Patagonien zwar innerhalb eines Dokumentes auftauchen, aber in unterschiedlichem Kontext verwendet werden[67].

Folgt man dem auf Platz 9 ausgegebenen Link eines chilenischen Reiseanbieters, kann man als Definition des Mythos Patagoniens lesen:

> *„Patagonien ist das* [sic!] *Mythos vom Ende der Welt. Dieser riesige Landstrich zwischen dem Atlantischen und dem Pazifischen Ozean ist ein Abenteuerparadies* [sic!], *das unter dem Einfluss massiver Gletscher und starker Winde geformt wurde. Der südliche Zipfel Amerikas ist genau das, wonach Outdoor-Liebhaber immer gesucht haben, unberührte Lanschaften* [sic!], *die mit der spektakulären Schönheit der Natur übersät sind. Wandere um namenlose Berge, die aus dem Patagonischen Inlandeis herausragen. Genieße einen malerischen Sonnenuntergang in der endlosen Pampa, wo Du nichts als Stille hörst. Oder erkunde eine der zahllosen Inseln vor der chilenischen Pazifikküste, die die Heimat einer handvoll Kawesqar-Indianer sind. Begleite uns, um diesen Traum von Freiheit zu erleben!"* (Internetseite: Tour Operator Aonikenk [68]).

Die Landschaft und damit auch die darin zu erlebenden Abenteuer werden hier als *„Traum von Freiheit"* und damit interessanterweise nicht als reale, sondern als eine

---

66 http:// www.google.de, der Internetsuchdienst Yahoo (http://www.yahoo.de) liefert sehr ähnliche Ergebnisse.
67 Abfrage vom 28.07.04 mit den folgenden Parametern: Eingabe: Mythos Patagonien, Suchparameter: Seiten auf Deutsch. Ein Großteil der Seiten bezog sich auf das Buch: Cerro Torre, Mythos Patagonien von Tom DAUER (2004).
68 http://www.aonikenk.com, abgerufen: 28.07.04

Theoretische Grundlagen _____ 71

imaginäre Eigenschaft dargestellt. Es wird nicht die Freiheit selbst, sondern nur deren Vorstellung erlebt.

Auch ULRICH (1995) entfernt sich von materiellen Mythosinhalten. In seinem Reisebericht *„Patagonien Passage"* folgte er nicht nur den Spuren von Bruce CHATWIN quer durch Patagonien, er spürte auch (s)einem Mythos nach. In kontemplativer Wanderschaft versucht er, die eigene Faszination für die Region zu ergründen, und kommt schließlich zu dem Schluss, ein Stück jenes Bildes wieder gefunden zu haben, *„was wir als Kind von der Welt hatten"* (ULRICH 1995, S. 132). In einem sehr ausführlichen Glossar vermerkt er unter dem Stichwort *Mythos Patagonien*:

> *„Wenn die politischen Utopien verschwinden, werden die Orte einer imaginären Geographie wichtig. Länder der Weite und des Wagens. Der Ort Nirgendwo erhält einen Namen. Atlantis, Avalon, Eldorado oder Patagonien. Meist liegen diese magischen Orte am Ende der Welt, dort, wo es die Menschen von je her hingezogen hat. Sehnsucht nach Horizontgewinn, Freiheit und Weite. Doch warum Patagonien? Anders als der amerikanische Westen[69] (auch ein Mythos) blieb Patagonien letztlich unbesiedelt. Kein Gold, keine fetten Weiden. Nur Leere, offene Horizonte, Steppe, Ginster und Wind"* (ebda, S.144).

Für ULRICH besteht der Mythos Patagoniens aus einer subjektiv-individuellen Suche nach verloren gegangenen, kollektiven Erinnerungsfragmenten. Patagonien ist Teil *„eines geistigen Raumes, den das Einzelbewußtsein gar nicht zu fassen vermag, von dem es aber unklare, lückenhafte Kenntnisse hat"* (ebda, S. 90). Er löst es damit zumindest teilweise aus einem rein kollektiv und räumlich determinierten Bedeutungskorsett heraus.

Auch für DAUER (2004a) liegt der Reiz im Subjektiven: *„Dort, wo nichts ist, füllt Phantasie den Raum. [...] Nicht wenigen Reisenden wurde die Leere zur Leinwand, auf der sie sich selbst hervorbrachten."* Das Nichts, als solches unverständlich, bedingt ein *„Patagonien der Sprache, das dazu dient, die Zwischenräume auszufüllen"* (ebda).

---

69 Eine Verbindung zwischen Patagonien und dem „Wilden Westen" ist nicht nur wegen des Verdachts, ähnliche „Mythen" zu evozieren, evident. Beide Gebiete waren lange Zeit durch den Gedanken der „frontier" geprägt. Der nordamerikanische Pionier und „Trapper" fand im südamerikanischen „baqueano" sein Gegenstück (vgl. MARTINIC, 1980, S. 9 ff.). Neben einigen direkten Verbindungslinien (u. a. berichtet CHATWIN (2001, S. 60 ff.) von Butch Cassidy, der aus dem „Wilden Westen" nach Patagonien flüchtet, um dort weiter sein Unwesen zu treiben) ist es auch die Ikonographie, die Verbindungen herstellt. Sowohl in Punta Arenas als auch in Puerto Natales finden sich Wandgemälde, die stark an die Darstellung der „Indianer" Nordamerikas erinnern. Dass diese Vorstellungen aber immer mehr verschwinden, glaubt GANTZHORN (2004a, S. 33). Er berichtet, dass in einigen Regionen *„der Hauch des wilden Westens bereits vorübergeweht ist"*.

Die Frage des Raumbezugs indes scheint damit dichotome Züge anzunehmen. Die physische Nicht-Präsenz räumlicher Strukturen stellt einerseits die Leinwand subjektiver Projektionen dar. Das Nichts bildet die Grundlage imaginärer Deutungskonstrukte. Die Inhalte jener Konstrukte müssen andererseits aber nicht zwangsläufig reflexiv sein. „Freiheit" ist keine originär patagonische Imagination. Genauso wenig ist *Mythos* in diesem Kontext expressiv verbis auf die gängige Vorstellung fixiert beziehungsweise als solcher zu artikulieren, wie das folgende Kapitel zeigt.

5.2 Zwischen neuen und touristischen Mythen – eine semiotische Spurensuche

Ausgehend von der konstruktivistischen Prämisse HALLS (1997a, S. 3) *„Meaning is constantly being produced and exchanged in every personal and social interaction in which we take part"* lässt sich festhalten, dass Bedeutung durch unsere Vorstellungen oder durch Repräsentationen von der materiellen Welt entstehen. Repräsentationen versteht HALL als sprachliche Bedeutungsproduktion (1997b, S. 16). Sie sind damit kein identisches Abbild der materiellen Welt, sondern unterliegen den Bestimmungen der Ausdrucksmöglichkeit, also der Sprache. Dabei können unter dem Begriff Sprache alle denkbaren Praktiken von Äußerungen verstanden werden: Wörter, Musik, Bilder, Körpersprache etc. dienen zur Bedeutungskonstruktion und Übertragung:

> *„They signify. They don't have any clear meaning in themselves. Rather, they are the vehicles or media which carry meaning because they operate as symbols, which stand for or represent (i.e. symbolize) the meanings we wish to communicate. [...] They function as signs. Signs stand for or represent our concepts, ideas and feelings in such a way as to enable others to read, decode or interpret their meaning in roughly the same way that we do"* (HALL 1997a, S. 5).

Die materielle Welt, deren Existenz nicht negiert wird, lässt sich diesen Vorstellungen folgend über Repräsentationen kommunizieren. Patagonien an sich konstruiert keine Bedeutung, wohl aber die Vorstellungen oder die Zeichen, die darüber kommuniziert werden. Das Nichts, wie es weiter oben formuliert wurde, bedingt ein *„Patagonien der Sprache"*. Die Folge: Bedeutung wird über Repräsentationen konstruiert. Durch Übertragungsverluste ist eine gemeinsame Identifizierbarkeit aber nur „grob" gegeben. Menschen empfinden dieselbe Begebenheit anders, aus ihrer Biographie heraus interpretieren sie sie different und beschreiben sie mit anderen Worten, Gesten und Emotionen. Sie bilden damit jeweils ihre eigenen Repräsentation. Diese lassen sich somit als subjektive Interpretationen der Realität verstehen.

Laut HALL gibt es zwei Ansätze, jene „Sprach-" oder „Zeichensysteme" und ihre Bedeutungsproduktion zu analysieren. Einerseits gibt es die Semiotik, die sich als „Wissenschaft der Zeichen" versteht und zu ergründen versucht, wie Bedeutung produziert wird. Andererseits führt er den Diskurs als ein breiter gefächtertes Produktions- und Interpretationsregime an. *„Discourses are ways of referring to or constructing knowledge about a particular topic of practice: a cluster (or formation) of ideas, images and practices […]"* (HALL 1997a, S. 6). Ein Diskurs ist produktiv und kann nicht als in sich geschlossenes, isoliertes Phänomen analysiert werden (vgl. MILLS 1997, S. 17). In Erweiterung zum semiotischen Ansatz untersucht der diskursive Ansatz auch die Folgen von Repräsentationen und ihre Verbindungen mit Machtstrukturen und Identitätsbildung.

Patagonien als Bedeutungskonstrukt für den Tourismus ließe sich als Diskurs verstehen. Verschiedene gesellschaftliche Akteure konstituieren ein „Konzept" (= Mythos Patagonien). Sprache manifestiert sich in Texten, diese formieren Aussagen, die auf unterschiedlichen Intentionen basieren. Texte sind damit kein Medium der Übermittlung von Bedeutung, *„sondern konstruieren sie aufgrund ihres Operationsmodus' als Repräsentationssysteme"* (WUCHERPFENNIG et al. 2003, S. 72). Das Kapitel 6 wird (in vereinfachter Form) noch einmal an diese Form der Bedeutungskonstruktion anknüpfen. Zunächst beschäftigt sich die Untersuchung jedoch mit den aus der Semiotik abgeleiteten „mythischen" Modellen von BARTHES und WÖHLER. Es soll untersucht werden, wie Mythen (BARTHES) bzw. Raumimages (WÖHLER) decodiert werden können.

„Die Semiotik[70] begreift die Welt der menschlichen Kommunikation als eine Welt der Bedeutung" (SPÖRRI 1993, S. 13). Die Decodierung dieser Bedeutung ist laut STRINATI (1995, S. 109) die Aufgabe der Semiotik.

„Realtity is always constructed, and made intelligible to human understanding by culturally specific systems of meaning. This menaning is never 'innocent', but has some particular purpose or interest lying behind it, which semiology can uncover."

Gegenstände, aber auch Texte (und damit beispielsweise auch Bilder) lassen sich in mehrere Bedeutungsebenen differenzieren. Eine Hose zum Beispiel ist einerseits ein Gebrauchsgegenstand und hat dadurch einen denotativen Sinn, der sich lediglich auf die Sachbedeutung des Wortes Hose bezieht. Andererseits kann eine Hose aber auch einen konnotativen Sinn bekommen, beziehungsweise damit aufgeladen werden. Eine

---

70 Semiotik oder Semiologie? SAHR (2003, S. 20) bescheinigt beiden unterschiedliche Grundprämissen. Demzufolge geht die Semiologie auf Saussure zurück, die Semiotik hingegen auf Peirce. Laut SAHR beschäftigt sich die Semiologie mit der Konstruktion von (überwiegend sprachlichen) Zeichen. Der Zeichengebrauch ist eher der Semiotik vorbehalten (vgl. ebda). Auch Eco (2002, S. 17) greift diese Diskussion auf. Der linguistischen Prämisse Saussures setzt er die beide Richtungen verbindende *„translinguistische"* Interpretation von BARTHES entgegen. ECO verwendet den Begriff der Semiotik, der für ihn *„fortan alle möglichen Bedeutungen der beiden diskutierten Termini decken soll"* (ebda). Gleiches soll für die vorliegende Arbeit gelten.

bestimmte Strömung in der Jugendkultur zeichnet sich beispielsweise durch besonders weit geschnittene Hosen („baggy pants") aus. Die Hose wird zu einem Zeichen der Zugehörigkeit und bekommt dadurch eine weitere, über ihre eigentliche Funktion hinausgehende symbolische Sinnebene. Diese ist dem Gegenstand nicht inhärent, sie wird gesellschaftlich konstruiert.

Roland BARTHES (1915–1980), französischer Literaturkritiker und Semiologe, hat in seinem 1957 erstmals erschienen Werk „*Mythologies*" (deutsch: Mythen des Alltags) versucht, diese Strukturen zu entziffern. Er hat das linguistische Konzept von Saussure[71] auch auf nichtsprachliche Bereiche ausgeweitet (vgl. u. a. SAHR 2003, BONFADELLI 2002 oder GRAUMANN et al. 1991; eine Analyse von Werbung, basierend u. a. auf den Überlegungen von BARTHES, findet sich bei SPÖRRI, 1993).

Mythos ist für BARTHES ein „*Mitteilungssystem, eine Botschaft*", die „*nicht durch das Objekt* [der] *Botschaft* [...], *sondern durch die Art und Weise, wie* [es] *diese ausspricht*" definiert wird (BARTHES 2003, S. 85). Für ihn steht fest, dass alles Mythos werden kann. Anders als die landläufige Vorstellung von Mythos als etwas „Exotischem" mit einem Hauch von Irrealität, ist Mythos hier ein ‚Gegenstand', der durch die gesellschaftliche Aneignung von einer „*stummen Existenz*" in eine ausgeübte überführt, und damit aktiviert wird. Ein Mythos kann somit nur entstehen, wenn etwas in einen besprochenen, mit „Bildern" versehenen gesellschaftlichen Zustand übertritt (ebda, S. 86). Er ist den Dingen nicht inhärent, erst die soziale Aneignung erweckt ihn zum Leben.

Der Mythos im Sinne von BARTHES ist charakterisiert durch zwei Ebenen. Die erste Ebene (= Sprache) wie auch die zweite (= Mythos) sind geprägt durch die drei Determinanten: *Signifikant* (= Bedeutendes), *Signifikat* (= Bedeutetes) und *Zeichen*. Das *Zeichen* stellt die Verbindung in Form einer Korrelation zwischen den ersten beiden her. Es bildet damit die „*assoziative Gesamtheit der ersten beiden Termini*" (BARTHES 2003, S. 90).

Als Beispiel führt Barthes einen Rosenstrauß an, der für ihn Leidenschaft bedeutet. Rosen sind damit das *Signifikant* während Leidenschaft das *Signifikat* darstellen. Beide existieren auch alleine, verbinden sich aber in „*verleidenschaftlichten*" Rosen zum *Zeichen*, erst dies ergibt den Sinn.

---

71 Der Linguistiker Ferdinand de Saussures (1857–1913) ist einer der gedanklichen Väter der Semiologie. Er verstand Sprache als ein System von Zeichen. Ein einzelnes Zeichen bestand für ihn aus einem Signifikant (oder Bedeutendes, z. B. die Buchstabenfolge Baum) und einem Signifikat (Bedeutetes, Gegenstand Baum). Der Zusammenhang zwischen beiden wird nicht durch eine originäre Beziehung, sondern durch gesellschaftliche Aushandlungen willkürlich (arbiträr) festgelegt (vgl. z. B. SAHR, 2003 oder WUCHERPFENNIG et al., 2003).

Theoretische Grundlagen 75

Abbildung 17: „Mythologisches System" nach Barthes

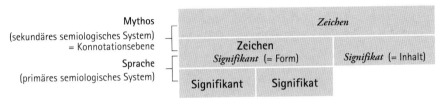

Quelle: Eigene Erstellung in Anlehnung an BARTHES (2003) und SPÖRRI (1993)

Das sekundäre semiologische System baut auf der Sprache auf, ist aber um eine Stufe verschoben. Das Zeichen, als assoziative Gesamtheit eines Begriffes im Sprachsystem, wird hier zum Beginn des mythischen Systems. Damit, so BARTHES, wird der Mythos zu einer „*Metasprache*, [...] *in der man von der ersten* [Sprache] *spricht*" (ebda, S. 93). Da die erste Sprachebene nur als Zeichen in den Mythos eingeht, ist es irrelevant in welcher Form (ob Sprache, Bild, Objekt etc.) sie vorliegt.

Das Bedeutende des Mythos erfüllt zwei Funktionen: Es ist einerseits Sinn (als Zeichen der Sprache), andererseits Form (als Beginn des Mythos). Der Sinn an sich generiert bereits Bedeutung. Das mythische System beraubt den Sinn jedoch größtenteils seiner Bedeutung. So taucht er schließlich als entleerte Form wieder auf. Das Signifikat muss den Bedeutungsverlust auffüllen, um schließlich ein neues Zeichen formen zu können. Dabei bildet der Sinn für die Form einen „*Vorrat an Geschichte, [...] der in raschem Wechsel zurückgerufen und wieder entfernt werden kann*" (ebda, S. 97). Bei diesem Bedeutungstausch kommt es allerdings zu Unschärfen, die letztlich den Mythos (= Zeichen) charakterisieren:

„*In Wahrheit ist das, was sich in den Begriff* [= Signifikat des mythischen Systems] *einnistet, weniger das Reale als eine gewisse Kenntnis vom Realen; beim Übergang vom Sinn zur Form verliert das Bild Wissen, und zwar um besser das des Begriffes aufzunehmen. Allerdings ist das im mythischen Begriff enthaltene Wissen konfus, aus unbestimmten, unbegrenzten Assoziationen gebildet*" (BARTHES 2003, S. 99).

Ein Mythos ist somit keine Lüge, wohl aber eine Deformation der Realität. Sein Auftrag besteht darin, eine Intention „durchzubringen", die über Sprache nicht kommunizierbar ist. Die Sprache zerstört den Mythos, indem sie ihn ignoriert oder ausspricht. Um dem zu entgehen, muss der Mythos sich „natürlich" geben. Die Deformation der Realität wird dann vom Leser des Mythos als natürlich hingenommen. Er glaubt, Fakten zu lesen, obwohl ihm Werte vorgegeben werden (vgl. ebda, S. 115).

Fasst man die Ausführungen von BARTHES zusammen, so kann Mythos als eine Botschaft gesehen werden, die versucht, eine andere, intendierte und deformierte Wahrheit durchzusetzen. Die Wirkung des Mythos offenbart sich dabei nicht als Alternative, sondern als eine Nachricht und natürliche Feststellung.

WÖHLER (1998) hat die Überlegungen von Barthes als Vorlage genommen, um damit die Entstehung von Raumimages zu deuten. Er hat damit dem *Mythos* (im Folgenden kursiv verwendet, wenn sich seine Bedeutung auf BARTHES bezieht) in Form von Raumbildern eine touristische Relevanz bescheinigt.

WÖHLER sieht die Postmoderne als eine *„Ökonomie der Zeichen"*: Güter werden vorrangig wegen ihres konnotativen Gehaltes erworben. Die Hose, um bei dem einleitenden Beispiel zu bleiben, wird immer weniger durch ihren normalen Gebrauchswert determiniert. Sie dient verstärkt als Symbol (beispielsweise als Merkmal von Inklusions-/Exklusionsprozessen bei Jugendgruppen) und wird von anderen auch so gelesen. Konsum wird damit zu einer *„verstehend-interpretativen »Alltagswissenschaft«"*, die einer *„semiotischen Arbeit"* (WÖHLER 1998, S. 97) gleichkommt. WÖHLER stellt die These auf, dass der Tourismus eine Fortführung der Konsumgesellschaft sei. Somit fungiert der touristische Raum analog zu den Gütern primär als Bedeutungsträger. Touristen orientieren sich an den Zeichen oder Symbolen, die jene Bedeutungsträger evozieren. Symbolmanagment wird zu einem entscheidenden Distiktionsmerkmal: Das Marketing muss versuchen, die Symbole kundengerecht zu platzieren, die Konsumenten müssen sie entsprechend decodieren.

Imaginationen, von WÖHLER allgemein als *„Materialisierung des Immateriellen"* (ebda, S. 100) verstanden, prägen die Vorstellungen von Gütern ebenso wie von fremden Räumen. Insbesondere treten sie in Kraft, wenn die physische Präsenz nicht vorhanden ist. Vor dem Kauf eines Gutes kann man zwar äußere Attribute (Form, Farbe, Preis) einschätzen, die imaginierten Eigenschaften lassen sich hingegen nicht abrufen. Wer sich ein Deo kauft, sieht die Form und den Preis, aber er weiß vorher nicht, ob es ihn „attraktiver" macht. Dieses Wissen lässt sich nur über die Erfahrung des Gebrauches erlangen. *„Imaginierte »Guteigenschaften« stellen damit Erfahrungseigenschaften dar"* (ebda, S. 101). Diese entstehen aber erst bei Gebrauch des Gutes, können somit also nicht direkt antizipiert werden. An ihre Stelle treten *„Vertrauenseigenschaften"*. Der Konsument ist gezwungen, seine Konsumentscheidungen von Signalen abhängig zu machen, die ihm *„Informationen über die nicht beobachtbaren Guteigenschaften"* (ebda) vermitteln. Es kommt zu einer symbolischen Formung, die die Wirklichkeit substituiert. Diese Formung findet auf mehreren Ebenen (Konnotationen) statt.

Von einem „Realen Code" ausgehend (Deo [Signifikant] stoppt Körpergeruch [Signifikat]) rekonstruiert der Konsument das Produkt. Das Zeichen des Realen Codes ließe sich als „attraktivitätsstiftend" lesen. Die nächste Ebene könnte „Beruflichen Erfolg" implizieren und so weiter (vgl. ebda, S. 102).

Letztere Konnotationen sind dem Produkt originär nicht inhärent, sie werden als nicht überprüfbare Vertrauenseigenschaften subjektiv konstruiert. Sie bilden die mythische Botschaft des Objektes, welche durch die Art und Weise charakterisiert ist, wie eine Intention übertracht wird. Die Konnotationen dieses mythologischen Systems formen somit das Image des Produktes: *„Im Image steckt also ein Mythos – ein Mythos definiert ein Image"* (ebda, S. 102).

Wie lassen sich diese Überlegungen nun räumlich beziehungsweise auf den Tourismus übertragen?

Tourismus lässt sich ebenfalls als Konsum verstehen, in diesem Fall als Raumkonsum. Eine touristische Destination wird ebenfalls imaginiert. Auch hier werden Erfahrungs- und Vertrauenseigenschaften dem Raum eingeschrieben. Entsprechend zum Deo ist nicht mehr das Produkt an sich, sondern sind die damit verbundenen Symbole und Konnotationen von Bedeutung. *„Das touristische Produkt verliert seine Raumsubstanz und wird ersetzt durch Zeichen. Verkauft werden Raumimages, die dem fremden Raum auferlegt werden"* (WÖHLER 1998, S. 103). Imaginationen, denen teilweise ein historisches Substrat gemein ist, bilden die Basis von Raumdeutungen. Jene Imaginationen sind immer auch rückbezogen auf die eigene Kulturwelt, denn nur so können sie überhaupt verstanden werden. Nicht das „wahre" Bild des Raumes ist relevant, sondern jene Vorstellung davon, die die eigene Kultur interpretieren kann. Das (touristische) Raumimage ersetzt somit die individuelle Substanz des Raumes (vgl. ebda, S. 105 f.).

Als Beispiel für einen Raum-Sinnbildungsprozess (also für die mythische Aufladung eines Raumes) führt Wöhler das Bild „Strandleben" an. Die verschiedenen Deutungen lassen sich bis zum *Mythos* Selbstverwirklichung decodieren.

Die einzelnen Ebenen lassen sich subjektiv vom Betrachter anders interpretieren. Es wird aber offensichtlich, dass der Urlaubsraum „Strand" Bedeutungen auferlegt bekommt (z. B. durch die Werbung), die er als solcher per se nicht hat. Die Kommunikation dieser Bedeutungen, sei es in Reisekatalogen, Reiseberichten oder in Form von Erzählungen der Reisenden, lässt touristische Raum*mythen* entstehen, *„die als Images gepflegt und gehegt werden"* (WÖHLER 1998, S. 103).

Abbildung 18: Raum-Sinnbildungsprozess im Kontext des Tourismus

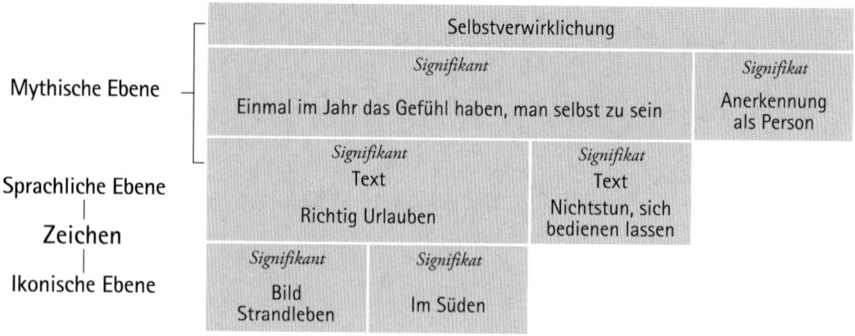

		Selbstverwirklichung	
Mythische Ebene	*Signifikant* Einmal im Jahr das Gefühl haben, man selbst zu sein		*Signifikat* Anerkennung als Person
Sprachliche Ebene | Zeichen | Ikonische Ebene	*Signifikant* Text Richtig Urlauben	*Signifikat* Text Nichtstun, sich bedienen lassen	
	Signifikant Bild Strandleben	*Signifikat* Im Süden	

Quelle: WÖHLER 1998, S. 103
Anmerkung: Das Zeichen der ikonischen Ebene entspricht dem Beginn der Sprachebene bei BARTHES. Als Text lässt WÖHLER hier (als Beispiel) einen Reisekatalog „sprechen".

Neben einer Zusammenfassung der wichtigsten Charakteristika von *Mythen* soll im Folgenden auch ihre Bedeutung für den Fortgang dieser Arbeit skizziert werden.

Mythen können als konnotative Metaebene(n) der Sprache aufgefasst werden. Sie tragen eine intendierte Bedeutung, die sich nicht über die Sprache erschließt. Ihr Inhalt ist eine von der Realität abweichende, deformierte Aussage. Der (Sprach-)Sinn wird zur (Mythos-)Form und erhält dadurch die Legitimation einer natürlichen Aussage (BARTHES). *Mythen*, so formulieren es GRAUMANN et al. (1991, S. 76), entwerfen „*ein harmonisches Bild in sich ruhender Wesenheiten*".

Als immaterielle Vorstellungen (= Imagination) formt die mythische Aussage Images, die kommuniziert und somit touristisch raumprägend werden (WÖHLER). Ein *Mythos* konstituiert somit ein (Raum-)Image. Durch die Unschärfe des *Mythos* muss das Image aber geschärft werden. Image kann somit als eine Form der touristischen „Inwertsetzung" des *Mythos* gelten. Dies geschieht durch verschiedene Akteure. Dabei scheint logisch, dass die Intentionen jener, die eine Destination touristisch in Wert setzen, als am größten eingestuft werden kann.

An dieser Stelle sei zusammenfassend auf den hier verwendeten Unterschied zwischen *Mythos* und Imagination hingewiesen. *Mythos* wird hier als eine produzierte, intendierte und deformierte Botschaft verstanden, die gesellschaftlich „aktiviert" wird. Imaginationen (zumindest eine Form davon) sollen dabei als Ausdrucksformen, beziehungsweise als Folgeerscheinungen des *Mythos* verstanden werden. Der Leser des *Mythos* setzt diesen imaginativ um. Als ein Beispiel kann hier das Wort Freiheit dienen: Jeder stellt sich darunter etwas anderes vor und setzt diese Vorstellung imaginativ um. Image lässt sich in diesem Fall als die Summe imaginativen Vorstellungen und deren Rekonstruktion verstehen. Es wird touristisch „aktiviert" und in Form gebracht.

Auch Patagonien hat ein Image. Die touristische Wahrnehmung reicht von: *„einfach fremd in einer anderen Welt"* (Interview T10) über *„abgelegen"* (Interview T8) bis hin zu *„mystisch, mystisch"* (Interview T3). Individuelle Ausprägungen sind vorhanden, und doch lässt sich eine gemeinsame Deutung dieses Images finden. In diesem Fall könnte man es vielleicht mit dem Konzept der „Peripherie" umschreiben.

Die Aussage *„Patagonien liegt am Ende der Welt"* scheint natürlich, blickt man auf eine (eurozentrische) Landkarte. Der *Mythos* wird legitimiert, seine intendierte Bedeutung wird zu einem touristisch bedeutsamen Imagemerkmal. Doch weder *Mythos* noch Image sind konsistent (vgl. BARTHES 2003, S. 86 und WÖHLER, 1998, S. 107). Damit wird Patagonien im Kontext gesellschaftlicher Strömungen ständig produziert beziehungsweise reproduziert. In historischer Betrachtung verschieben sich dabei die Bedeutungsgehalte: Was früher als „abweisend" galt, hat sich heute zu einem „Naturerlebnis" gewandelt (vgl. hierzu auch Kap. 6.2).

Bezug nehmend auf den *Mythos* wird in Kapitel 6 die Produktion und anschließend (Kapitel 7) die Konsumption Patagoniens näher untersucht. Zuvor muss aber noch eine allgemeine tourismustheoretische Einordnung Patagoniens stattfinden.

5.3 Zwischen Peripherie und Authentizität – eine tourismustheoretische Lokalisierung Patagoniens

> *„Polarmeer und Hochgebirge als Naturidyllen entziehen sich der wärmespendenden Qualität der Strände, Buchten und Oasen. Die eisigen und frostigen Idyllen sind kulturgeschichtlich jüngere, sowie modernere und heroischere Naturidyllen. Das Bestehen in der Kälte der Natur versteht sich nicht automatisch im Widerspruch zum Bestehen in der Zivilisation, auch wenn die Abenteurer der Gletscher und Eismeere sich [...] möglichst weit von der entzauberten Welt des Alltags fortbewegen, um die Kälte in ihrer ergreifenden Konkretheit zu erleben. Der utopische Gestus der Flucht ins Eis ist ambivalent: Er kündet von der Stärke des Übermenschen ebenso wie von dessen Sehnsucht nach Einsamkeit, Stille, Leere und – immer auch – nach Tod"* (POSCHARDT 2000, S. 234).

POSCHARDT, der sich in seiner Monographie „Cool" an einer Zustandsbeschreibung der spätmodernen Gesellschaft versucht, knüpft mit obigem Zitat an touristische Theorien an, die im Folgenden diskutiert werden. Sie bilden die Basis für eine touristheoretische Lokalisierung Patagoniens.

Der Fluchtgedanke als Reisemotiv ist kein neuer. Schon ENZENSBERGER (1958) sieht darin die Möglichkeit, der industrialisierten und rationalisierten Welt zu entfliehen. Diese *„Defizittheorie"* (MUNDT 2001, S. 119) geht davon aus, dass Urlaubsreisen dazu dienen, den *„Zwängen entfremdeter Arbeit und defizitären Umweltverhältnissen zu Hause entgehen zu können"*. Der Ausbruch (Flucht) in eine Gegenwelt kompensiert die Mängel der heimischen Sphäre. Doch die Flucht kann nicht gelingen, ist der Tourismus doch selbst schon zu einer Industrie gewachsen: *„die Reise aus der Warenwelt ist ihrerseits zur Ware geworden"* (ENZENSBERGER 1979, S. 196). Mit seiner These gilt ENZENSBERGER zwar heute noch als Verfasser einer der *„prägnantesten Leitlinien für eine historische Tourismustheorie in Deutschland"* (PAGENSTECHER 1998b, S. 591), doch es wird auch Kritik laut. MUNDT (2001, S. 119) bemängelt das Wort Flucht selbst als negativ konnotiert und eher ein unfreiwilliges Verhalten bezeichnend. Auch die Tatsache, dass bisher vor allem jene reisen, die aus wohlhabenderen Gesellschaftsschichten stammen, somit also am wenigsten Grund zu einer Flucht hatten, widerspricht dieser Vorstellung (vgl. HENNIG 1999a, S. 72).

HENNIG sieht im Reisen die Verwirklichung eines kollektiven Traums. Jene Faktoren, die die Industriegesellschaft mit sich brachte (Wohlstand, Freizeit und Mobilität) ermöglichen heute die Realisierung dieses Traums. Nicht diese Faktoren selbst, sondern der Wille, *„die Ordnungsstruktur des Alltags zu verlassen und in andere Wirklichkeiten einzutreten"* (1999, S. 73), machen die Faszination des Reisens aus. Auch für HENNIG existiert damit eine Gegensphäre zur Alltagswelt.

Diesen Unterschied zwischen Alltag und Gegenwelt konkretisiert MUNDT. Eine zunehmende Technisierung der Alltagswelt führt zu einer Distanz von den natürlichen Lebensgrundlagen. Die gestiegene soziale Mobilität sorgt für ein Gefühl der Entfremdung. Die Folge ist eine *Anomie* (MUNDT, 2001, S. 124), also ein Zustand mangelnder gesellschaftlicher Integration.

Die Gegenstrategie besteht in der Suche nach Authentizität: Dem geregelten (modernen) Leben wird das authentische (nostalgische) entgegengesetzt. Im Urlaub kann man der Authentizität nachspüren und damit die Entfremdung kompensieren. Aber nicht nur der Ausbruch aus dem Alltag, *„auch die vermutete oder bereits erfahrene Qualität des Reiseziels im Sinne von Ursprünglichkeit und Natürlichkeit"* (ebda) motivieren den Touristen.

Theoretische Grundlagen 81

Dass Authentizität in Patagonien in Form von Ursprünglichkeit und Unberührtheit der Natur eine gewichtige Rolle spielt, zeigen die geführten Interviews: *„Das ist irgendwie diese Unberührtheit, das ist das, was man sucht"*, (Interview T15) antwortete ein Interviewpartner auf die Frage, was Natur für ihn bedeute. Die Antwort: Diese sei in Patagonien vorhanden, es sei wie ein *„Traum"*, der Realität würde.

Die Frage der Authentizität im Tourismus wurde oft diskutiert. Schon 1976 proklamierte MACCANNELL (S. 101) Authentizität als wichtigen touristischen Motivationsfaktor: *„Touristic consciousness is motivated by its desire for authentic experiences."* Gleichzeitig fügt er aber an, *„but often it is very difficult to know for sure if the experience is in fact authentic"*. WANG (2000, S. 46 ff.) unterscheidet in seiner umfangreichen soziologischen Analyse *„Tourism and Modernity"* drei Ansätze, um touristische Authentizität zu erklären:

(1) **Objektive Authentizität** im originären Wortsinn gebraucht, als Kriterium für Echtheit.
(2) **Konstruierte Authentizität**[72] als Resultat eines Konstruktionsprozesses. Authentizität als Projektion verschiedener Sichtweisen oder Vorstellungen wird verhandelbar, im jeweiligen Kontext festgelegt und somit zu einer symbolischen Authentizität. Diese wird nicht durch Originale, sondern durch medial vermittelte Symbole von Originalen erfahren.
(3) **Existenzialistische Authentizität** bezieht sich auf einen Seins-Zustand, der durch touristische Aktivitäten ausgelöst wird. Nicht die Objekte einer Reise, sondern die eigene Existenz in Verbindung mit Aktivitäten wird authentisch.

Neben der Feststellung einer zunehmenden *„Inauthentizität"*[73] im Tourismus untersucht WANG insbesondere die existenzialistische Authentizität genauer. Er entgeht damit der Debatte, inwiefern objektbezogene Authentizität überhaupt noch möglich beziehungsweise für den Tourimsus relevant sein könnte.

Bei der Seins-Authentizität unterscheidet er zwischen Inter-Personeller (zum Beispiel in Form von Familienurlaub, der ein „authentisches Familiengefühl" ermöglicht) und

---

72 Diese Unterscheidung gibt es auch bei MACCANNELL schon. Er versteht *„staged authenticity"* als ein *„social structural arrangement"* (1976, S. 98).
73 Als ein Beispiel dafür könnte das Explora Hotel in Patagonien gelten. Inmitten der „Wildnis" befindet sich ein 5-Sterne Hotel, welches einem authentischen Naturerlebnisgefühl völlig widerspricht. Authentisch könnte in diesem Fall bedeuten, die Touristen würden ein Zeltlager aufschlagen und ihr Essen am Lagerfeuer zubereiten. Im Verzicht darauf gibt man sich bewusst der Inauthentizität hin. Es steht zu hinterfragen, ob damit nicht der gesamte Aufenthalt, also auch das „authentische Naturerleben" den Anspruch auf Authentizität verliert (vgl. WANG, 2000, S. 55 f., bringt ein ähnliches Beispiel und beruft sich dabei auf Ritzer/Liska, 1997).

Intra-Personeller Authentizität. Vor allem letztere scheint für den Fortgang dieser Arbeit von Bedeutung. Sie lässt sich erneut unterteilen in:

- „**Körperliches Empfinden**" (bodily feelings): Der Körper als Anzeige der persönlichen Identität wird zu einem Gefühls-Subjekt. Entfremdung, beispielsweise durch die Selbstkontrolle in der Arbeitswelt, wirkt sich auch auf den Körper aus. In der körperlichen Authentizität können diese Spannungen abgebaut werden, und man kann den Bedürfnissen des Körpers nachgegehen. Es kommt zu einem ganzheitlichen Körpergefühl. Man wird „eins mit seinem Körper".
- „**Selbstverwirklichung**" (self-making): Dies gilt besonders für Reisende, die abseits der „normalen" Touristenströme reisen. Ebenso wie bei Punkt 1 verhindert die moderne Arbeits- und Lebenswelt die Realisierung des eigenen Selbst. Der rationale Umgang verhindert beispielsweise die Möglichkeit, Risiken oder Unwägbarkeiten[74] zu erleben. Im Tourismus hingegen ist dies möglich. Beim Bergsteigen oder -wandern kann man sich selbst verwirklichen, kann Herausforderungen annehmen, die einem sonst nicht mehr gestellt werden. Man fühlt sich frei. Abenteuer und Erlebnisse, auch in weniger extremer Form, kompensieren die Langeweile des Alltags und verhelfen somit zu einer „*spirituellen Authentizität*" (vgl. WANG 2000, S. 56 ff.).

Auch bei der körperlich beziehungsweise geistig erlebten Authentizität existiert wieder das Konzept der Gegenwelt. Im Alltag baut sich körperliche Spannung oder Unzufriedenheit auf, die dann in der Urlaubswelt gelöst werden kann.

Abenteuer erleben ist eine wichtige Komponente der Selbstverwirklichung. Dabei soll Abenteuer nicht als Reiz verstanden werden, der eine bestimmte Schwelle überschreiten muss, um als solcher anerkannt zu werden. Abenteuer soll hier vielmehr für eine persönliche Erfahrung stehen. „*Adventure*", so formulieren es SWARBROOKE et al. (2003, S. 14), „*is a personal construct, based more on individual mental and emotional perceptions than physical capacities*". Ihrer Meinung nach gibt es keine einheitliche Vorstellung von Abenteuer. Für den einen mag die Besteigung eines Berges in Patagonien ein Abenteuer sein, für den anderen ist schon die Reise nach Südamerika an sich ein

---

74 Dies wird als Teil des „Spiels" gesehen. Die im angelsächsischen Raum diskutierten „*nicht-alltäglichen Gegenwelten von Spiel, Fest und Ritual*" (vgl. PAGENSTECHER, 1998b) greift auch HENNIG (1999a, S. 72–94) auf. Spiel steht demzufolge für einen Identitätswechsel beziehungsweise für einen „Rausch"-zustand, etwa durch Nervenkitzel ausgelöst. Aber auch die Reise als Ganzes nimmt Spielzüge an, wird doch der Alltag durchbrochen. Man kann selbst entscheiden, was man „aufs Spiel setzen möchte". Die Fiktionalität indes wird dabei meist ausgeblendet, der Tourist erlebt die Reise als Realität und damit als authentisch.

Abenteuer. Vorraussetzung für Abenteuer ist ein aktives Verhalten in physischer, intellektueller, emotionaler oder spiritueller Hinsicht. Sie folgern also: *„Imagination and emotion are very much part and parcel of the adventure experience"* (ebda, S. 7).

Dass der Ansatz der existenzialistischen Authentizität als Erlebniskonzept in Patagonien eine Rolle spielt, lässt sich allein am Tätikeitsspektrum der interviewten Touristen ablesen. Zwei Drittel gaben an, wandern zu gehen bzw. zu trekken. Die körperliche Betätigung, insbesondere im Torres del Paine Nationalpark, gehört schon fast zum Pflichtprogramm einer Patagonienreise. Dabei kann man zwar *„möglicherweise Vergleiche ziehen mit den Alpen"*, aber es ist eben nicht der *„typische Alpentourismus"*, bei dem man *„auf breitgetretenen Pfaden"* wandert, *„sondern dieser Geröllanstieg zum Torres del Paine da hoch hat schon den Rücken richtig nass gemacht. Und man findet dieses, vielleicht sagen wir mal Urwüchsige in Deutschland nicht mehr so"* (Interview T6). Dabei ist das authentische Erleben nicht nur auf körperliche Anstrengungen beschränkt. *„Kochen auf offenem Feuer und trinken aus dem Fluss"* (Interview T11) ist ein Abenteuer, das sich in Deutschland wohl kaum noch erleben lässt. Patagonien bietet die Möglichkeit, sich selbst in der Umwelt zu erleben, *„den Wind zu hören, einfach auch mal wieder, ja den Dreck spüren, also diesen natürlichen Dreck"* (ebda).

Auch wenn viele Touristen möglicherweise nicht in diesen ‚Genuss' kommen, so überträgt sich doch die Vorstellung und das dahinter stehende, produzierte und medial kommunizierte Konzept von Abenteuer und Freiheit auch auf sie.

Selbst die Reise an sich wird als Abenteuer antizipiert. Doch die Gefahr, dass das „wilde Südamerika" die abenteuerlichen Erlebniserwartungen nicht erfüllen kann, ist ebenso gegeben:

„Ich hätte es mir auch nicht so touristisch erschlossen vorgestellt. Also, dass es so unproblematisch ist, hätte ich nicht gedacht. [...] Ich bin jetzt nicht unbedingt enttäuscht, aber es ist einfach, du hast nicht gedacht, dass es wirklich so einfach ist, hier zu reisen" (Interview T7).

Die Region hat für viele Touristen den Nimbus einer besonderen Destination abseits des Massentourismus. *„Du willst immer das machen, was andere nicht machen"* (Interview T8), so charakterisiert eine Interviewpartnerin die Reisewünsche ihres Mannes. Das *„Besondere zu erleben"*, war die Motivation. In einem geländegängigen Fahrzeug über einsame Nebenstraßen und *„Felsen"* zu fahren, hat der Interviewpartner als *„super, super, super"* (ebda) empfunden.

Eine Reise nach Patagonien hat immer auch Prestigecharakter. *„Wir haben in unserem Bekanntenkreis niemanden, der so eine Reise machen würde"* (ebda) oder *„Kein normaler Mensch kommt da drauf, hierher zu fliegen"*, (Interview T10) sind gängige Aussagen. Es bietet sich somit ein klares Distinktionsmerkmal vom „normalen" Touristen.

„Also es ist sicherlich nicht der Pauschaltourist, der hier aufschlägt. Und für mich hat es immer noch ein bisschen was von Exklusivität im Sinne von landschaftlichen Reizen oder was die geographische Lage betrifft" (Interview T15).

Jene Exklusivität kann auch wieder als Suche nach Authentizität gedeutet werden. Patagonien als ein Ziel für *„besondere Liebhaber"*, denen es gerade recht kommt, *„dass sich der Tourismus noch nicht so weit entfaltet hat"* (Interview T8).

Auch die touristischen Anbieter unterscheiden hier sehr dezidiert. Explora beispielsweise sieht seine Gäste nicht als Touristen, sondern als Reisende:

„The tourists are looking for, I would say places to be and being there. Travellers which are the ones who come to us, they look for experiences and that is what they find at Explora" (Interview T3).

Eine lange und kostspielige Anreise sowie stereotype Vorstellungen über Südamerika (*„lasst Euch nicht entführen"* Interview T10) sorgen nach Ansicht vieler Interviewpartner für die Exklusivität der Region. BUTLER[75] spricht den touristischen Peripherien sogar einen Sammlerwert zu: *„Indeed, the more remote the location, the more valuable it is as a collector's item"*. Betrachtet man jedoch das touristische Wachstum der letzten Jahre, wird deutlich, dass diese Exklusivität bei anhaltender Zunahme an Touristen dem Untergang geweiht ist.

Eine paradoxe Situation offenbart sich. Gerade die periphere Lage Patagoniens macht es für den Tourismus attraktiv. Dabei werden weder Kosten noch Gefahren gescheut, um in den Besitz dieses wertvollen Guts zu kommen.

Definiert man peripher als eine geographisch isolierte und in gewisser Distanz von Aktivitätszentren liegende Region (vgl. BROWN/HALL 2000, S. 2), so kann man Patagonien durchaus (zumindest aus eurozentrischer Sicht) als „am Rande liegend" bezeichnen. Peripherie lässt sich aber auch als *„object of the metropolitan imagination – that pleasure periphery in which the fantasy realm finds its physical location"* (SCOTT 2000, S. 58)

---

75 BUTLER, Richard (1996): The development of Tourism in Frontier Regions: Issues and Approches. In: Gradus, Y/Lithwick, H. (eds.): Frontiers in Regional Development. Lanham. S. 213–229. Zitiert nach: XIE und SCHNEIDER (2004, S. 64).

verstehen. Damit wandelt SCOTT die Peripherie zur Örtlichkeit der touristischen Gegenwelt. Hier kann sich der Gegenentwurf des Urlaubs, auch in geographischer Abgrenzung zum Zentrum, manifestieren.

Allerdings ist die „Vergnügungsperipherie", die primär mit den „Sonne, Sand und Sex" Attributen lockte (vgl. ebda), heute kein Ort mehr, der Authentizität offeriert. Zu ausgetreten sind die Pfade, die der Massentourismus hinterlassen hat, zu unbedeutend der Sammlerwert und damit der Prestigegewinn. Die Ansprüche haben sich gewandelt. Gerade die weit entfernten Peripherien, die bislang vor allem durch Abgeschiedenheit und Unerreichbarkeit charakterisiert waren, rücken nun in den Blickpunkt des touristischen Interesses. Auch Explora hat dies erkannt und zu einem zentralen Charakteristikum der Firmenphilosophie erkoren:

> *„The remote is a universal passion. It reminds us of all that is important and unknown to us in the world and in ourselves. It dwells in the imagination and in the sweet dreams of many persons"* (Broschüre: Explora, Art of Travel, Hervorhebungen im Original).

Je weiter von den Zentren entfernt, desto größer die zu erwartende Authentizität, so zumindest die Hoffnung. *„Isolation and remotness represent peace, difference, even exotism"* (vgl. BROWN/HALL 2000, S. 3). Man glaubt, dass jene Gebiete noch nicht den Sünden der Zentren (z. B. Umweltverschmutzung) zum Opfer gefallen sind, und hofft, in ihnen die letzten (Natur)Paradiese zu finden.

Zusammenfassend lässt sich festhalten, dass Tourismus auf der Konstruktion von Gegenwelten basiert. Diese sind unter anderem geprägt von der Suche nach Authentizität, die im alltäglichen Leben als verloren angesehen wird. Im Sinne des *Mythos* findet damit eine gesellschaftliche Aktivierung statt. Symbolisierungen werden medial produziert und räumlich verortet. Insbesondere periphere Gebiete, von den alltäglichen Lebenswelten der Touristen weit entfernt, bieten scheinbar die besten Möglichkeiten, um Authentizität zu realisieren. Authentizität lässt sich aber weder antizipieren noch sprachlich übermitteln. An die Stelle der realen Eigenschaften treten die Vertrauenseigenschaften, die imaginativ verbreitet werden. Somit entstehen Raum*mythen*, die im touristischen Sinne die individuelle Substanz des Raumes ersetzen (vgl. WÖHLER 1998, S. 103).

Die Tourismusindustrie ist aber darauf angewiesen, „Güter" zu verkaufen. So muss jede Form von Authentizität, auch eine existenzialistische, verpackt, beworben und verkauft werden. *„In this sense, tourism is a „dream industry" and buying a holiday is buying a chance to have a dream come true"* (WANG 2001, S. 71). Aus der Fantasie wird scheinbar Realität. Reisen ermöglichen den kurzeitigen Ausbruch aus der Rationalität. Dieses Bedürfnis an sich existiert schon sehr viel länger als der Tourismus. Dieser ist heute nur eine Ausdrucksform, um die Gegenwelten zu erfahren. Dabei verbinden sich Fantasie und physische Existenz. Der Tourismus *„führt, im Gegensatz zu Literatur oder Film* [welche ebenfalls Gegenweltsentwürfe darstellen], *in »wirkliche«, materiell greifbare Welten – und bleibt dennoch dem Imaginären, den Träumen und Wünschen, verhaftet"* (HENNIG, 1999a, S. 94).

Patagonien erfüllt die touristischen Kriterien von Peripherie der Authentizität perfekt: Kann es einen Ort geben, der einerseits weiter entfernt ist von allem und andererseits die Fantasie stärker anregt als das „Ende der Welt"?

6 Die Produktion Patagoniens

> *„Taking place seriously means taking writing, architectural designs, paintings, guide books, literary texts, films, postcards, advertisments, music, travel patterns, photographs and so on seriously"* (URRY 1995, S. 30).

Es gibt zahlreiche Akteure, die Aussagen über Patagonien produzieren. Die Intentionen sind dabei ebenso unterschiedlich wie die jeweiligen Formen. Das Spektrum reicht von der Werbung für Outdoorausstatter (z. B. die Firma VAUDE oder Patagonia[76]) über Reisereportagen und Berichte in Zeitschriften, Magazinen, Büchern und Führern sowie im Fernsehen bis hin zu (Dia)Vorträgen und Internetseiten. In besonderer Weise trägt natürlich auch die touristische Produktionslinie in Form von Werbung, Prospekten und Katalogen zur Aussagenproduktion bei. Dieses gesamte Spektrum produziert und reproduziert Patagonien.

In seiner Monographie *Consuming places* weist URRY (1995) nach, dass der englische *Lake District* durch die Literatur zu einem Mythos (*„place-myth"*) wurde (vgl. URRY 1995, S. 194). Insbesondere auswärtige Literaten der Romantik hätten mit ihren Veröffentlichungen eine *„literary landscape"* geformt, die bis heute den Mythos des Ortes determiniere. Er fügt an, dass ein solcher Mythos aber immer sozial selektiv sei, d.h. nur bestimmte Bevölkerungsgruppen anspreche und anziehe. Zudem sei kontinuierliche Arbeit am Mythos notwendig:

> *„To continue to draw people to this place rather than to many others involves continous work, both in terms of marketing but much more generally in terms of ‚cultural production'"* (ebda, S. 193).

Auch andere Regionen sind erst durch eine symbolische Formung in das touristische Bewusstsein gelangt. Die Highlands in Schottland beispielsweise sind das Resultat einer künstlerischen Repräsentation in Verbindung mit ästhetischer Inwertsetzung und der touristischen Entwicklung. Der absolute und der symbolische Raum verbinden sich dabei zu einem *„imaginative country"* so AITCHISON, MACLEOD und SHAW (2000, S. 73). Die Affinität zu diesem ist aber weniger durch „natürliche" Beziehungen determiniert, sie wird vielmehr sozial und kulturell geprägt. Ebenso wie der Lake District sind die Highlands somit das Resultat einer *„imaginative reconstruction"*. Diese Form

---

[76] Die Firma VAUDE wirbt mit einem Bild des Berges Cerro Torre für eine besonders leichte Produktlinie. Der Berg wird dabei als „ultraschwer" bezeichnet, die eigenen Produkte hingegen als „ultralight" (z. B. in Outdoor, 8/2004, S. 41). Die Outdoor-Bekleidungsfirma Patagonia Inc. wurde 1973 von Yvon Chouinard gegründet und macht vor allem mit Abbildungen des Fitz Roy und Cerro Torre Werbung.

der symbolischen Bedeutungszuweisung ist auch heute noch relevant, obgleich sich das produktive Spektrum gewandelt hat. Der „*literarisch-künstlerische*" Tourist wird immer mehr durch den „*Teletourist*" ersetzt (vgl. ebda, S. 79). Dabei soll Teletourist hier eher als Synonym für einen modernen, visuell orientierten Medienrezipienten verstanden werden, der sich multimedial (Fernsehen, Internet, Zeitschriften ect.) orientiert und informiert.

Im Folgenden werden einige Medien der kulturellen Produktion dargestellt. Kapitel 6.1 gibt einen exemplarischen Überblick über die Darstellung und den Inhalt Patagoniens in Reiseberichten. Im Zentrum steht dabei der Reisebericht von Bruce Chatwin *In Patagonien*. Anschließend thematisiert die Arbeit die Präsentation Patagoniens in den periodischen Printmedien (Zeitungen und Zeitschriften). Hier finden sich unterschiedliche Darstellungen von Patagonien. Ganz im Sinne aktueller Naturvorstellungen (vgl. auch Kap. 7.3.5) dient Natur hier einerseits als Bühne für extreme Abenteuer, andererseits wird sie als ästhetisches Nonplusultra dargestellt. Beide Formen tragen entscheidend zur Konstituierung Patagoniens bei.

Ein abschließender Blick auf die touristische Produktion rundet das Bild ab. Dabei wird neben einem Beispiel einer touristischen Inszenierung auch die Vorgehensweise der chilenischen und deutschen Anbieter skizziert. Ziel ist es aufzuzeigen, wie Patagonien in verschiedenen Medien konstruiert und präsentiert wird.

6.1 „Fort nach Patagonien"[77]: Darstellungen in den Berichten Reisender

Seinem Biographen SHAKESPEARE (2000, S. 428) zufolge schrieb Bruce CHATWIN dem ihm vorgesetzten Redakteur im Dezember 1974 einem Brief, der mit den Worten endet: *„Ich beabsichtige, Weihnachten mitten in Patagonien zu verbringen. Dort werde ich eine Geschichte für mich selbst schreiben, etwas, das ich schon immer zu Papier bringen wollte."*

Von Kritikern gefeiert wurde *In Patagonia* schließlich am 13. Oktober 1977 in Großbritannien veröffentlicht. Vier Jahre später folgte die deutsche Übersetzung.

CHATWIN hat damit den wohl erfolgreichsten Reisebericht über Patagonien veröffentlicht. Auch heute noch preist ihn jeder Reiseführer als Literaturempfehlung. Doch

---

77 Der Titel bezieht sich auf einen Ausspruch, den Bruce CHATWIN angeblich getätigt haben soll (vgl. SHAKESPEARE, 2000, S. 428).

CHATWIN war weder der erste noch der letzte, der über die Region schrieb. Schon DARWIN (1983, S. 484), der auf einer Reise 1831 Patagonien besuchte, bemerkte bei seiner Rückkehr fasziniert:

> *„In calling up images of the past, I find that the plains of Patagonia frequently cross before my eyes. [...] They can be described only by negative characters; without habitations, without water, without trees, without mountains, they support merely a few dwarf plants. Why then, and the case is not peculiar to myself, have these arid wastes taken so firm a hold on my memory? [...] I can scarcely analyze these feelings: but it must be partly owing to the free scope given to the imagination."*

Trotz der lebensfeindlichen Umgebung faszinierte ihn die Weite der Landschaft. Interessant ist der Versuch, eine Begründung dafür zu finden: Der Phantasie wird freier Lauf gelassen. Eine Vorstellung, die noch heute gern zitiert wird.

In Folge mehrerer literarischer (z. B. Hermann MELVILLE, *Moby Dick* [1851] oder Jules VERNE, *Die Kindes des Kapitäns Grant* [1868]) sowie biographischer (z. B. William Henry HUDSON, *Idle Days in Patagonia* [1893], Gunther PLÜSCHOW, *Silberkondor über Feuerland* [1929] oder Antoine de SAINT-EXUPERY, *Wind, Sand und Sterne* [1939]) Veröffentlichungen, die Patagonien (mehr oder minder stark) thematisieren, entwickelt sich ein sehr diffuses öffentliches Bild über Patagonien. Man kennt den Namen, doch die Assoziationen dazu sind sehr unbestimmt.

> *„Ich habe das irgendwann mal als Kind aufgeschnappt. [...] Seit ich das Wort kenne,* [verbinde] *ich das mit Abenteuer, mit Natur und habe schon immer gewusst: Da muss ich hin"*, so Martin (Interview E1), der heute Reisen in die Region verkauft. Von Jugendträumen, die *„nicht unbedingt ein realistisches Substrat haben"* (Interview T12), spricht eine Touristin:

> *„Jedenfalls dieser Paganele* [aus Jules Verne: Die Kinder des Kapitän Grant]*, irgendein französischer Wissenschaftler, der wollte wo ganz anders hin und ist dann versehentlich in Patagonien gelandet. Und so ist mir das irgendwie als ein ganz weites, fernes, irgendwie fremdes Land in Erinnerung geblieben"* (ebda).

Jene Vorstellungen aus Kindheitstagen können als eine Motivationsquelle für Patagonienreisen gelten. Besonders Autoren, die irgendwann einmal selbst über Patagonien publizierten, berichten detailliert von ihren ersten Kontakten mit dem Wort Patagonien. DELABORDE und LOOFS (1987, S. 7) bestätigen, dass auch für sie Jules VERNE vor Magallanes in Patagonien war. *„Kapitän Grant"* hat ihr Bild *„eingehüllt in das Prestige der Kindheit"* von Patagonien geprägt.

CHATWINS Interesse entstand durch die eigene Familiengeschichte. Andere, darunter auch HARRISON (2002, S. 24), ließen sich wiederum von CHATWIN inspirieren. ULRICH (1995, S. 13 f.) liefert eine sehr genaue Beschreibung, die es verdient, in voller Länge zitiert zu werden. Sein erster Kontakt mit dem Wort Patagonien zeigt sehr anschaulich, wie die Imaginationen der Kindheit prägend sein können:

> „*Er* [der Großvater] *erzählte von Südamerika und Patagonien, als sei er dort gewesen, und erst später wurde mit klar, daß es wohl Saint-Exupéry war, der ihn zu seinen patagonischen Träumen inspiriert hatte. Ich konnte mir weder unter Patagonien noch unter Sibirien etwas vorstellen, allerdings verglich ich die Worte meines Großvaters mit der Landschaft, die mich umgab, also Bergen, steilen Bergflanken, Geröllwiesen, Bergbächen und Hochwäldern. Ich dachte mir, so in etwa muß es in Sibirien oder auch in Patagonien aussehen, so wie hier in den Bergen. Aber vielleicht größer, unbewohnter und so, daß man freier atmen und leben konnte. Einmal sprach mein Großvater über die Reise ans Ende der Welt, die nach seinen Worten nur nach Patagonien führen konnte. Ich stellte mir also das Ende der Welt konkreter vor, etwa dort, wo sich im hinteren Bereich des Tales die Berge zusammenschoben, ein Talschluß, in dessen Richtung wir oft unterwegs waren. Nie sah ich das Talende selbst, hörte aber das Rauschen des Wassers, das von dort kam. Es war das Quellgebiet des Bergbaches, an dem meine Großeltern wohnten. Und wenn ich im Bett noch einige Minuten wach lag, das Wasser gurgeln und rauschen hörte, so kam mir das Ende der Welt in den Sinn. Dort also – stellte ich mir vor – war das Ende der Welt. Und dieser Ort trug einen magischen Namen: Patagonien. Meine Vorstellung von Patagonien entstand halb im Schlaf und in der Abgeschiedenheit eines Kärntner Dorfes. [...] Patagonien verschwand nie ganz aus meinem Gedächtnis. Es blieb die Vorstellung vom Ende der Welt und daß es etwas ganz besonders sein müßte. Mein Großvater [...] hinterließ mir ein paar Bücher: Paustowskis »Erzählungen vom Leben« und Saint-Exupérys »Wind, Sand und Sterne«. Ich stieß bei meiner erneuten Lektüre auf Patagonien, und sofort war wieder die Neugier geweckt. [...] Später erschien das Buch »In Patagonien« von Bruce Chatwin, das mich in der Vorstellung bestärkte, das es dieses Ende der Welt, das Patagonien offenbar darstellte, tatsächlich gab.*"

In Ermangelung realer Vorlagen wird die Vorstellung vom Ende der Welt imaginativ umgesetzt oder wie ESPEY (1998, S. 52) es umschreibt: „*Since the chance for genuine travel is rare for children, childhood is a time of vicarious travel – trough reading and fantasy.*" Er stellt die These auf, dass gerade die Einschränkung des selbstbestimmten Reisens bei Kindern, die Aufnahmeintensität von Reiseerzählungen ungemein erhöht. Daher, so schlussfolgert er, werden „*the seeds of desire to travel*" in der Kindheit gesät. Als Erwachsener kann man dann beim Reisen allegorisch in die Kindheit zurückkehren und die Welt aus einer anderen, lernenden Perspektive neu wahrnehmen. Diese ‚Rückkehr' kann zwar auch negative Aspekte der Kindheit wie Angst und Verletzlichkeit zu Tage fördern, aber *„it can also bring back childhood impressionability and freshness of perception"* (ebda).

Auch Bruce CHATWIN reiste auf den Spuren seiner Kindheit. Schon früh habe er über einen familiären Kontakt von Patagonien erfahren. In der Hochphase des kalten Krieges stellte CHATWIN sich Patagonien als den einsamsten Platz auf Erden vor, der Ort, *„wo man leben konnte, wenn die übrige Welt in die Luft flog"* (ebda, S. 10).

Er begann seine Reise in Buenos Aires und reiste quer durch Patagonien bis Punta Arenas. Ohne sich längere Zeit an einem Ort aufzuhalten, durchstreifte er Patagonien, welches für ihn *„in mancher Hinsicht [...] das nicht zu übertreffende Symbol der Rastlosigkeit des Menschen"* darstellte (zitiert nach SHAKESPEARE 2000, S. 434). Dabei war es nicht die Natur, die ihn faszinierte, es waren die Menschen und ihre Biographien. Historische Begebenheiten ebenso wie die eigenen Begegnungen wandelt er in kleine Geschichten und fügt sie in nicht chronologischer und immer auch subjektiv interpretierter Art und Weise aneinander. Allen Geschichten ist eines gemein, *„they are stories of disillusionment and frustration: of a failure to realize dreams, find new home, adapt oneself to the natural and political circumstances of Patagonia"* (PFISTER 1996, S. 257).

Es sind nicht die Geschichten des Erfolges, die ihn interessieren. Persönliche Schicksals des Scheiterns und die Desillusionierung als biographisches Element werden von ihm niedergeschrieben. Chatwin füllt die patagonischen Ebenen Schicht für Schicht mit menschlichen Schicksalen auf. Dabei folgt er, glaubt man PFISTER, auch den kulturellen Verbindungen, die zwischen Patagonien und dem Rest der Welt bestehen:

„Chatwin's quest is also a search for such traces – for the traces of Patagonia in the European and North American cultural memory and for the traces of European an North America cultures in Patagonia" (PFISTER 1996, S. 259).

Es sind die Einwanderer und ihre Schicksale, die ihn faszinieren. Nur selten beschreibt er die physische Umwelt um ihn herum. Wenn er es macht, bleibt meist ein melancholischer Beigeschmack.

„Ich fuhr über die Magellan-Straße nach Feuerland. An der Nordküste der ersten Meerengen stand ein Leuchtturm, orangerot und weiß gestreift, hoch über einem Strand, der mit kristallhellen Kieselsteinen, lila Muscheln und zerbrochenen scharlachroten Krebsschalen übersät war. Am Wasserrad durchsuchten Austernfischer mit ihren langen Schnäbeln die rubinroten Algen nach Schalentieren. Die Küste Feuerlands war ein aschgrauer Streifen, kaum drei Kilometer entfernt. Vor einem

Restaurant, einer Blechbude, stand eine Reihe von Lastwagen. Sie warteten auf die Flut, die die beiden Fährschiffe für die Überfahrt wieder flottmachen würde. Drei alte Schotten standen in der Nähe. Sie hatten rosageäderte himmelblaue Augen, und ihre Zähne waren bis auf ein paar kleine bräunliche Stümpfe abgefault. Im Restaurant saß ein kräftige, dralle Frau auf einer Bank und kämmte sich das Haar, während sie sich von ihrem Begleiter, einem LKW-Fahrer, Mortadellascheiben auf die Zunge legen ließ. Die steigende Flut schwemmte Seetangmatratzen den steilen Strand hinauf. Von Westen wehte ein starker Wind. An einer ruhigeren Stelle des Wassers führte ein Paar Dampferenten leise schnatternd ein monogames Gespräch ...tuk-tuk...tuk-tuk...tuk-tuk... Ich warf einen Kiesel in ihre Richtung, aber es gelang mir nicht, sie aus ihrer Versunkenheit ineinander aufzuscheuchen und ihre dreschenden Paddelflügel in Bewegung zu setzen" (CHATWIN 2001, S. 149 f.).

Patagonien ist für CHATWIN nicht von naturräumlichem Interesse. Er geht weder in die Nationalparks noch gibt er positive Naturschilderungen. Der physische Raum ist für ihn lediglich die Grundlage, auf der er seine Geschichten aufbaut. Er dient als Klammer, der die einzelnen Fragmente zusammenhält und verbindet.

„Seine Leistung bestand nicht darin, Patagonien darzustellen, wie es ist, sondern darin, dass er eine Landschaft namens Patagonien erschuf – eine neue Betrachtungsweise, einen neuen Aspekt der Welt" (SHAKESPEARE 2000, S. 475).

Im Erschaffen seiner eigenen literarischen Landschaft liefert CHATWIN eine Rekonstruktion von Patagonien. Er erstellte damit die Vorlage für eine interpretative Sichtweise der Region, die sich stark verbreitete.

Trotz oder gerade wegen der Tristesse, die Chatwin mit teils skurrilen Pointierungen verbreitet, wirkt Patagonien anziehend: *„Ich habe dieses Chatwin-Buch gelesen, da bin ich drauf gekommen* [hierher zu kommen]", sagte ein Interviewpartner (Interview T7) im Gespräch. Selbst wer das Buch nicht gelesen hat, sucht doch die Schauplätze vor Ort auf (Interview T10). Auch in Berichten über den Torres del Paine Nationalpark (z. B. MATUSSEK 2002, o. S. oder SCHEIBLER 2004, o. S., beide Artikel werden in Kap. 6.2 vorgestellt) nennen die Autoren als Literaturempfehlung, und zwar ausschließlich, Bruce CHATWIN. Das ist insofern erstaunlich, als dass Chatwin nicht im Torres del Paine war oder zumindest nicht darüber geschrieben hat.

Chatwins Verdienst war es, der Floskel vom „Ende der Welt" Leben einzuhauchen. Es sind jene, heute als *„mythische Geschichten"* interpretierten Erzählungen, die der Region, dem Marketing und den Medien nun eine Möglichkeit geben, seinen Namen zu verwenden.

Eine besondere Art der Reisedarstellung soll hier abschließend noch angerissen werden. Dabei handelt es sich um die Geschichten der Seefahrer, die bis in die 20er Jahre des letzten Jahrhunderts auf Segelschiffen Kap Hoorn umrundeten. Die Region *„vom 50. Grad südlicher Breite im Atlantik bis zum 50. Grad südlicher Breite im Pazifik"* (BRUSTAT-NAVAL 1975, S. 16) war unter den Seeleuten als die *„Kap Hoorn Region"* bekannt und gefürchtet. Die Schiffe fuhren von Europa aus an die amerikanische Westküste und zurück, viele um in Nordchile Salpeter zu bunkern. Darunter auch zahlreiche deutsche Segelschiffe, besonders jene der Hamburger Reederei *Laeisz*.

Die beständigen Westwinde der *screaming fifties* sorgen für schwere See und bestimmten das Schicksal der Schiffe und Mannschaften. Das Vollschiff *Susanna* beispielsweise benötigte allein für die Kap Hoorn Umrundung 99 Tage[78]. Das Kap wurde zu einem Prüfstein auf Leben und Tod für die Seefahrer: *„Über Deck führten Strecktaue zum Festhalten, an der Reling verhinderten ausgespannte Netze, sogenannte Leichenfänger, daß die Leute von der See über Bord gewaschen wurden"* (ebda, S.10).

Die Geschichten darüber prägten das Bild der Kap Hoorn Region und wirken noch heute. Mittlerweile sind es aber nicht mehr die großen Windjammern, die Kap Hoorn umrunden. Es sind Segler, die sich mit kleinen Yachten auf den Weg machen und sich bewusst dieses Ziel aussuchen. Bobby SCHENK (1994, S. 382) berichtet nicht ohne Stolz in seinem Buch *80000 Seemeilen und Kap Hoorn*:

„Der Felsen vor uns ist das Hoorn. Am 9. Januar [...] stehen wir [...] vor dem Gipfel unseres Seglerlebens. Denn was für den Bergsteiger der Mount Everest, das ist für den Segler dieser Felsen, an dem schon Hunderte von Seeleuten den nassen Tod gefunden haben."

Kap Hoorn wird zum Maximum dessen, was sich auf den Weltmeeren erleben lässt. Nur wer das Risiko des Todes nicht scheut, kann sich daran messen. Wie kaum eine andere Instanz prägte die Seefahrt das Bild und die Vorstellungen in Europa über die Südspitze von Südamerika. Das *Kap der Stürme* ist auch heute noch ein Symbol für Mut und Abenteuergeist und damit ein touristisches Gut, welches die Reisenden konsumieren können und wollen: *„Kap Hoorn, klar, kennen wir. Jetzt waren wir nicht da, aber das ist auch nicht so tragisch. Wir waren ungefähr in der Nähe"* (Interview T10). Was zählt, ist die Aura des Ortes. Und die strahlt auch noch in die umliegenden Gebiete ab.

---

78 Bei einer durchschnittlichen Zeit für die Kap Hoorn Umrundung von 18,5 Tagen (vgl. BRUSTAT-NAVAL, 1975, S. 21).

Mittlerweile kann man mit weniger Risiko ans Kap Hoorn gelangen. Die Kreuzfahrtschiffe *Mare Australis* und *Via Australis* fahren in der Hochsaison wöchentlich von Punta Arenas nach Ushuaia und zurück. Dabei laufen beide auch den „*Ort, an dem Pazifik und Atlantik ineinander übergehen,*" (Broschüre Expeditions Kreuzfahrten) an.

6.2 „Im Wilden Süden"[79]: Patagonien in Zeitungen und Zeitschriften

Es findet sich heute kaum noch eine Zeitung, die nicht zumindest sporadisch über Reisen und Urlaub berichtet. Die großen Tages- und Wochenzeitungen haben meist sogar eigene Reiseseiten. Hinzu kommt eine große Anzahl von Zeitschriften und Special-Interest Magazinen, die sich primär mit Reisen beschäftigen. Neben den „Klassikern" wie *Merian* und *GeoSaison* haben sich auch zahlreiche „Outdoor"-Magazine (*terra, Tours, Outdoor* etc.) auf dem Markt etabliert. Die klassische Darstellungsform ist dabei zumeist die Reportage, seltener der Bericht. Diese werden oft durch allgemeine Info-Kästen (Reise-, Transport- und Übernachtungshinweise) bzw. Grafiken (Karten) ergänzt (vgl. KLEINSTEUBER/LÜHMANN 2001, S. 101 f.).

Auch Zeitschriften wie *Geo* oder *National Geographic*, die sich selbst nicht als Reisemagazine verstehen, können zum Teil dennoch dazu gerechnet werden, erfüllen sie doch mit ihren Hochglanzreportagen alle Kriterien der Reisereportage. Allerdings „*eignen sich die* [darin] *vorgestellten Länder und Regionen* [...] *eher zum gedanklichen Traum-, denn zum reellen Nachreisen*", stellen KLEINSTEUBER und LÜHMANN fest (ebda, S. 102). Gleichzeitig weisen die beiden Autoren in ihrem Artikel über Reisejournalismus auf die problematischen, ökonomischen Abhängigkeiten zwischen Reisejournalisten und touristischen Anbietern hin. Die Reisekosten sind oft hoch und den Redaktionen fehlen die finanziellen Mittel. Die Reiseveranstalter zeigen sich häufig großzügig und gewähren Abschläge oder führen Journalistenreisen durch. Dafür erwarten sie auch eine für sie genehme Berichterstattung. Anders als in den USA, wo seriöse Blätter auf Sponsoring hinweisen, wird diese Thematik in Deutschland, auch wegen der rechtlichen Grauzone, eher totgeschwiegen (vgl. ebda, S. 107 f.).

Hinzu kommt, dass die Redaktionen bei den Texten oft auf PR-Material zurückgreifen. KLEINSTEUBER (1997, S. 175) stellte bei einer Umfrage fest, dass PR-Texte im Reiseressort eine überdurchschnittliche Rolle spielen. Statt eine eigene Recherche zu betreiben, nutzen Journalisten also oftmals die von der Tourismusindustrie vorgegeben

---

79 So lautete eine Überschrift zu Patagonien im Merian Heft: Chile, Patagonien.

Texte oder deren Inhalte. Auch bei Bildern wird auf das Archiv der Anbieter zurückgegriffen. Als Beispiel kann hier die Bebilderung zweier Artikel der *Süddeutschen Zeitung* (REUTER 2005, o. S. und WINTER 2005, o. S.) über das Explora Hotel und die Termas de Puyuhuapi dienen.

In Patagonien werden Journalisten offen hofiert. Sie werden über das Marketingprogramm Patagoniens „betreut". Akteure aus der privaten Tourismuswirtschaft übernehmen die Kosten für die Aufenthalte vor Ort (Interview E5). Auch Explora versucht, seine Bekanntheit über das Einladen von Journalisten zu steigern. *"We do have a very strong public relations or press policy, where we invest in inviting journalists and then they will write"*, bestätigt FRANCESCA (Interview E3). Dieser Kommentar macht deutlich, dass Reiseberichterstattung nicht immer interessensfrei geschieht, denn inwiefern nach einer solchen Einladung auch kritische Kommentare zu erwarten sind, bleibt dahingestellt.

Im Folgenden zeigen ausgewählte Artikel, wie Patagonien präsentiert und publiziert wird. Bedingt durch die große Bandbreite an Möglichkeiten kann dabei nur ein kleiner und zudem unrepräsentativer Ausschnitt wiedergegeben werden. Trotzdem sollen damit verschiedene Perspektiven der Perzeption vorgestellt werden.

„Wie am ersten Schöpfungstag" (SCHEIBLER 2004, o. S.). Was hier als christliche Assoziation nach Archaik und Unberührtheit klingt, ist die Überschrift einer Reisereportage über den Torres del Paine Nationalpark, erschienen am 16. Januar 2004 in *Die Welt*. Es folgen einige Abschnitte dieses Artikels in voller Länge. Dies hat zwei Gründe: Einerseits gibt der Artikel viele Attribute wieder, die generell mit Patagonien verknüpft werden. Andererseits weist er eine sehr bildhafte Sprache auf.

> *„Der Weg dorthin ist weit. Aber irgendwie führt auch keiner daran vorbei. An Patagonien, dem Außenposten der Menschheit, dem Vorhof der Antarktis, der rastlosen Trekker-Seelen als friedvolle Verheißung gilt am unteren Rand der Welt. Der Anflug auf den Flughafen von Punta Arenas (12000 Einwohner [Sic!]) lässt unschwer erahnen, warum den spanischen Kolonialherren die Durchquerung der stürmischen Magellanstraße ein ewiger Graus war. Schaumkronen zerfetzen sich unter den vibrierenden Tragflächen, und die Flugbegleiterinnen lächeln nicht mehr. 120 Stundenkilometer Windgeschwindigkeit gehören rund um Feuerland zum meteorologischen Repertoire. Auch die Schneestürme, die der dreistündigen Fahrt bis in den Parque Nacional Torres del Paine das nötige Patagonia-Fluidum verleihen, seien „muy normal", weiß Leo, der Fahrer. Die unverschämte Weite der Pampa beeindruckt. [...] Chantal aus Montreal macht das Ödland eher nervös.*

In ihrem Trekkingführer blättert die Anlageberaterin fieberhaft nach den bunten Bildern der gebuchten Tour: spektakuläre Gebirgslandschaft, türkisfarbene Seen, Gletscher und die legendären Granittürme Los Torres. Der Fahrer schmunzelt überlegen. Diese touristische Skepsis... Er kennt und genießt sie mit chilenischer Gelassenheit. Schließlich ist ihm das erstaunte Entzücken gewiss und liegt gleich hinter der nächste Anhöhe: das Paine Massiv. Schneebedeckt, von Kondoren umkreist, von Gletschern flankiert und göttlichem Himmelsazur gekrönt. Diese geballte Pracht, genau wie auf den Fotos. Chantal ist begeistert. „Nature, only nature. That's what I need." [... Der Artikel endet:] Nur Staunen. Hinsehen. Schauen mit den Augen, mit dem Gemüt, bis das Gesehene sich tief eingräbt in die Empfindung. Eben einfach mal Mensch sein (SCHEIBLER 2004, o. S.).

Die Überschrift zeigt, dass die Autorin versucht, das Interesse des Lesers durch einen Primärimpuls auf ihren Artikel zu lenken. Wie LINDEN (2000) in seiner Monographie *Wie Texte wirken* erläutert, sind Primärimpulse als gesellschaftlich besonders relevante Thematiken zu interpretieren.

„Jeder Mensch interessiert sich mehr oder weniger stark für Familie, Tod, Religion und Spiritualität, große Vermögen und Berühmtheiten. Diese Bereiche sind so stark im Gehirn verankert, dass sie sehr starke Assoziationen auslösen" (Linden, 2000, S. 18).

Er empfiehlt Journalisten daher, jene Impulse bewusst einzusetzen, um den Leser zu aktivieren. Der Leser jener Überschrift mag nun möglicherweise einen paradiesischen Urzustand imaginieren, den er dann mit Patagonien verknüpft. Damit wird versucht, eine assoziative Mitarbeit des Lesers auszulösen. Wenn es gelingt, speichert dieser den Inhalt ins Langzeitgedächtnis, codiert Patagonien fortan also als „Urzustand" (vgl. ebda, S. 18).

Der Artikel vermittelt in der Darstellung subjektive Werte, diese werden aber, verstärkt durch das Mitwirken anderer Personen (Chantal), als objektive Merkmale codiert. Er produziert somit einen *Mythos*. Die Darstellungsweise („*Außenposten der Menschheit*") evoziert Imaginationen (z. B. Wildnis, Entdeckungen). Das Ende des Artikels schafft dann wieder eine Verbindung zur Überschrift: „*Eben einfach mal Mensch sein.*" Man kann somit den Urzustand des Seins oder anders interpretiert „echte Authentizität" erleben.

Dieser Artikel enthält zudem fünf Charakteristika, die in der Berichterstattung über Patagonien häufig zu finden sind.

Tabelle 4: Darstellungsmerkmale über Patagonien[80]

Merkmal	Text SCHEIBLER	Variationen
Ende der Welt	Außenposten der Menschheit, unterer Rand der Welt	am Zeh der Erde, südlichste Stadt der Welt, Wege ins Unendliche, Rand der Welt...
Klima	Wind, Schneestürme	Regen, kalt, alle Jahreszeiten an einem Tag, erbarmungslos...
Historizität	Kolonialherrschaft	Entdeckung (Magallanes), europäische Einwanderung, Geschichte der Estancias...
Kontraste	Pampa <> Gebirge	Endlose Weiten <> grüne Wiesen...
Authentizität	einfach Mensch sein	unberührte Natur, weiße Flecken, die letzten Unwegsamkeiten...

Quelle: Eigene Erstellung 2004

Der zweite Artikel, der näher dargestellt wird, ist ein Reisebericht, der sich auf der Internetseite der Zeitschrift *Der Spiegel* findet. Dem Autor (MATUSSEK 2002, o. S.) dient ein Aufenthalt im Explora Hotel als Anlass, um über Patagonien und im Besonderen den Torres del Paine Nationalpark zu berichten.

In seinem Buch über Patagonien schrieb CHATWIN (2001, S. 34) einst: *„Der Strand war grau und übersät mit toten Pinguinen".* MATUSSEK begründet mit diesem Satz seine Vorstellungen über Patagonien. *„Das war Patagonien bisher für mich. Einer der tristesten Winkel der Erde. Und daran änderte der erste Eindruck überhaupt nichts, als die Maschine aus Santiago in Punta Arenas landete"* (MATUSSEK 2002, o. S.).

Mit CHATWINS Vorstellungen im Kopf kommt MATUSSEK nach Patagonien. Punta Arenas, *„immer noch"* der letzte Ort der bewohnten Welt, ist aber nicht das Ziel des Autors. Er fährt weiter in *„eines der exklusivsten Naturschutzgebiete der Welt".* Die Exklusivität des Torres del Paine Nationalparks liegt seiner Meinung nach in der schwierigen Erreichbarkeit begründet. *„Und hier, mittendrin in dieser Abgeschiedenheit, liegt das bereits legendäre Explora-Hotel, die südlichste Luxusherberge der Welt."* Er findet ein einsames Paradies vor: *„Es ist ziemlich unwahrscheinlich, in diesen 2400 verzauberten Quadratkilometern Natur auf andere Menschen zu treffen."* Durch seinen Aufenthalt und die Ausflüge im Nationalpark hat sich seine anfängliche Vorstellung in das Gegenteil verwandelt. *„Von nun an",* so erzählt er dem Leser,

---

[80] Als Quelle dient eine Untersuchung von 21 Zeitungs- bzw. Zeitschriftenartikeln über Patagonien. Dabei handelt es sich aber nur um eine unsystematische Grobuntersuchung, eine inhaltsanalytische Bestimmung bei größerer Stichprobe wäre hier wünschenswert.

„wird es das sein, was ich mit Patagonien assoziiere, diese magischen, blauen Unikate [Eisberge]. Und die Flamingos im Eissee. Die Puma-Spuren im Schnee. Die Kondore, die mit weiten Schwingen im Aufwind vor der Steilwand des Torre del Paine schweben" (MATUSSEK 2002).

Was er damit beschreibt, ist nicht nur sein persönlicher Wahrnehmungswandel. Er demonstriert auf anschauliche Weise, wie Patagonien sich auch in der allgemeinen Wahrnehmung von einem grauen und düsteren Ort am Ende der Welt (= verstoßen, z. B. bei DARWIN, CHATWIN und in den Berichten der Seefahrer[81]) zu einem stillen und unbekannten Naturparadies entwickelte. Das „neue" Ende der Welt stellt damit keine dunkle Seite mehr dar, sondern ist vielmehr gekennzeichnet durch unberührte (= authentische) Natur. Dieser paradigmatische Wechsel sorgt vor allem dafür, dass Patagonien sich besser als touristische Destination verkaufen lässt. Tote Pinguine am Strand will niemand sehen, die Flamingos im Eissee hingegen faszinieren schon allein durch den (widersprüchlichen) Gedanken daran.

Dieser Wandel ist nicht zuletzt auch Ergebnis zahlreicher Publikationen in Outdoor-Reisezeitschriften. Hier wird Patagonien als ultimatives Paradies für Wanderer und Trekker dargestellt. Olaf BECK (2004, S. 3), Chefredakteur der Zeitschrift *Outdoor*, sprach anlässlich eines 14-seitigen Berichts über Patagonien im Editorial der Juli Ausgabe gar von einem *„Garten Eden"*, der durch seine *„atemberaubende und unberührte Natur"* locke. Für ihn ist Patagonien ein magischer Ort, bei dem man nur leise den Namen nennen muss, und *„schon bekommen alle Zuhörer leuchtende Augen, zeigen ein glückliches Lächeln und geraten ins Schwärmen"*. Entsprechend positiv fällt dann auch die Berichterstattung aus.

Dass auch dieser (Paradies-)*Mythos* Begehrlichkeiten weckt, kann der folgende Kommentar belegen, der als Leserbrief des Monats August als Antwort auf den Juli Bericht zu verstehen ist (Outdoor 08/2004, S. 83):

„Liebe outdoor-Redakteure, ihr seid Schuld, dass ich in letzter Zeit manchmal nicht einschlafen kann. Dann schwirren mir Bilder von Patagonien durch den Kopf. [...] Keine Frage, die Patagonien Story in der letzten Ausgabe hat mich infiziert. Ich muss dahin."

Die medial verbreiteten Bilder regen die Fantasie an, Patagonien wird antizipierend imaginiert.

---

81 Auch JOSEPHS (1999, S. 26) vermerkt: *„Dunkel, düster und grau war das Bild, das Seefahrer und Entdecker bis ins frühe 19. Jahrhundert zeichneten".*

„Ich hatte nur diese Bilder im Kopf, die wir gesehen haben. Also wie gesagt, diese ganzen Gletscher, Berge, Wasser in allen Farben so was. Schöne Himmel, der Himmel halt, den fand ich auch sehr beeindruckend. Aber eigentlich alles über diese Dias, oder diese Bilder, die ich vor Augen hab" (Interview T14).
Auch URRY versteht die Medien als Erzeuger von Antizipation. Diese produzieren und verstärken die touristische Sichtweise der Welt. Sie schaffen damit die Orte der *„nichtalltäglichen Gegenwelten"* (HENNIG 1997b, S. 49). Das Auffinden dieser Orte wird zu einem zentralen touristischen Motiv. Die eigene Reproduktion durch Fotos, Filme oder das Versenden von Postkarten manifestiert dann diese Sichtweise (vgl. URRY 2002, S. 3).

Eine etwas andere Art von Reisebericht findet sich sowohl in der Zeitschrift *GEO* (08/2004) als auch in der *National Geographic* (08/2004). Die jeweils betitelten Reportagen *„In der Festung des Windes"* (GEO) und *„Im Eis"* (National Geographic) können als Beispiele für extreme Expeditionen dienen, die regelmäßig nach Patagonien führen. Was den Seglern Kap Hoorn ist, ist den Extremsportlern und -bergsteigern das patagonische Inlandseisfeld. Vor allem über Expeditionen zu den zahlreichen Bergen in der Region wird berichtet (z. B. *„Die Eiswand am Ende der Welt"*, National Geographic, 03/2000).

„Im Eis" gibt die 67 Tage dauernde Durchquerung des südlichen Eisfeldes wieder. Der 16 Seiten umfassende Bericht der *National Geographic* besteht fast ausschließlich aus Bildern, viele erstrecken sich über eine Doppelseite. Sie zeigen die beiden Abenteurer, wie sie gegen den Sturm ankämpfen oder scheinbar in der Weite der Gletscher verloren sind. *„Es ist ein Ort, an dem du dich klein fühlst – aber auch sehr lebendig"* (08/2004, S. 130), kann der Leser den wenigen, die Bilder begleitenden Zeilen entnehmen.

Ähnliches gilt für die Expeditionen zum argentinischen Cerro Murallón, ebenfalls im Inlandseisfeld gelegen. In einem 24-seitigen Artikel berichtet *GEO* über zwei deutsche Extrembergsteiger, die sich an einer bisher noch nicht durchstiegenen Route dieses Berges versuchen. Insbesondere das Wetter bereitet die größten Probleme, nur in *„Todesangst"* schafften die beiden den Rückweg. *„Es irrt sich wer glaubt, man könne auf dieser Welt keine weißen Flecken mehr aufspüren"* (GEO 08/2004, S. 29), rechtfertigt einer der beiden Bergsteiger das Unterfangen.

Wieder ist es die Unberührtheit, die durch die Kommunikation auch einem breiten Publikum zugänglich wird: Patagonien als Land der Abenteurer, wo man den letzten weißen Flecken nachspüren kann. Auch wenn diese Reisen vielleicht nicht zum Nachreisen einladen, so prägen sie doch die Vorstellungen über Patagonien.

Letztlich sind es vor allem zwei Aspekte, die in den Publikationen über Patagonien immer wieder hervorstechen: Natur und Erlebnisse, die man darin erfahren kann. Konsequenterweise griff auch das Marketing dieses Konzept auf. Die deutschen Informationsbroschüren von der CPT (*Corporación de Promoción Turística de Chile*[82]) tragen den Untertitel „Natur und Abenteuer". Der *Mythos* wird somit zum touristischen Image.

6.3 „Träume zu verkaufen": Das Patagonien der Reiseanbieter

> *„We deal with the imagination that emerges from the real world, and not with fantasy. We think that creativity is best aroused in a child at the Cueva del Milodón*[83]*, or flying over the Strait of Magellan in a »Twin Otter« plane, than touring Disneyland"* (Broschüre: Explora, Art of Travel).

Dieses Kapitel betrachtet Patagonien aus Sicht der Tourismuswirtschaft. Auch hier können nur einige Aspekte herausgegriffen und dargestellt werden. Es werden dabei verschiedene touristische Akteure vorgestellt und deren Einfluss auf die touristische Gestaltung Patagoniens dargelegt.

„Patagonien ist eine reine Naturdestination, das heißt also, der Reisende will Natur sehen. Dementsprechend versucht er auch, so schnell wie möglich an die Stellen zu kommen, wo er viel davon sehen kann, wo ihm Natur gezeigt wird, also sprich Gletscher, Berge, Seenlandschaften" (Bernd, Interview E2).

Diese Einschätzung teilen auch andere Tourismusmanager. Das Produkt Natur wird damit, wie schon im vorherigen Kapitel angedeutet, zum entscheidenden Verkaufsgut, aus Sicht der Anbieter.

Das klingt jedoch leichter als es ist, denn *„es gibt* [in Patagonien] *vielleicht nichts, was es woanders nicht gibt"* (Interview E4). Häufig werden Vergleiche gezogen mit Alaska, Neuseeland oder den skandinavischen Ländern. Der Vorteil der Region liege aber in den Dimensionen, ist sich Klaus sicher. Die Gletscher sind größer und die Wälder dichter als in anderen Ländern. Folglich ist das, was es gibt, *„ein bisschen interessanter als woanders"* (ebda). Dieser Meinung ist auch Martin (Interview E1). Für seine Kunden ist aber noch ein zweiter Faktor von Bedeutung: *„Das, was unsere Kunden am meisten anzieht* [sind] *Luxusprodukte [...] wie Mare Australis, Explora, Patagonia Connection. Man sieht's, die sind ausgebucht, die laufen."*

---

[82] Als „Exekutivorgan" von Sernatur obliegt der CPT die Umsetzung und Durchführung der touristischen Promotion von Chile.
[83] Höhle in der Nähe von Puerto Natales, in der Überreste des Milodóns (prähistorisches Faultier) gefunden wurden.

6.3.1 Exkurs: Termas de Puyuhuapi

Ähnlich wie das Explora Hotel verkauft auch Patagonia Connection (Betreiber der Termas de Puyuhuapi) primär Komplettprogramme. Das Hotel liegt an einem Fjord, umgeben von Kaltregenwald. Aus Sicht eines Reiseanbieters wird daraus: *„eingebettet in einen Zauberwald aus haushohen Farnen"* (Katalog Akzente Reisen 2004/05, S. 31). Die Gäste reisen größtenteils mit einem Katamaran (Patagonia Express) an und ab. Bei der Ankunft erwartet sie eine kleine Inszenierung: Geschmückte Boote werden ausgeschickt, um den Katamaran in die Hotelbucht zu geleiten. Die Lichter aller seeseitigen Zimmer werden angemacht, und bei Betreten der Lobby ertönt das Lied *„Biscaya"* von James Last. Dazu wird ein Willkommenscocktail gereicht[84]. *„Willkommen in der Stille des Südens"*, so die Eigenwerbung des Hotels. Ähnlich wie bei Explora verbinden sich auch hier die Vorstellungen von Natur mit den zivilisatorischen Möglichkeiten des Komforts. Zwar ist man in der ‚Wildnis', aber auf (europäischen) Komfort (und Musik) braucht der Gast nicht zu verzichten.

Zum Abschied des Aufenthalts wartet noch ein besonderes Highlight auf die Gäste: *„Sie sind an einer Expedition beteiligt"*. Mit dem Katamaran geht es auf einer Tagestour zum *San Rafael Gletscher*. Mit Schlauchbooten werden die Gäste an die Abbruchkante herangefahren, und natürlich kommt *„ein Stück tausendjähriges Eis […] mit an Bord, um ihren Whisky zu kühlen"*.

Abbildung 19: Termas de Puyuhuapi

Quelle: Eigene Aufnahme

---

84 Eigene Beobachtung vom 21.11.2003

Bei der Erstellung von Reisekatalogen, Prospekten und Informationsmaterial können die Reiseveranstalter kostenfrei auf das Bildarchiv der CPT zurückgreifen. Mehrere Bild-CDs sind erhältlich, darunter auch speziell für Patagonien. Sie dürfen für touristische Promotionszwecke benutzt werden. Doch nicht nur die CPT stellt Bild-CDs zur Verfügung. Auch das argentinische Fremdenverkehrsamt sowie die touristischen Anbieter selbst wie zum Beispiel Explora, Patagonia Connection oder verschiedene Reedereien liefern kostenloses Bildmaterial. Aufgrund der großen Verbreitung, nahezu alle Anbieter nutzen oder nutzten die Bild-CD [85], finden sich in vielen Reisekatalogen nicht nur die gleichen Reiseangebote wieder, sondern auch die gleichen Bilder von Patagonien.

Inwiefern jedoch die in den Katalogen meist recht klein dargestellten Bilder im Gegensatz zu den doppelseitigen Bildstrecken von *Merian* oder *GEO* geeignet sind, um Reisewünsche zu wecken, bleibt dahingestellt.

Bei der touristischen Gestaltung und Konstruktion Patagoniens spielen neben der CPT auch die vor Ort ansässigen Agenturen eine bedeutende Rolle. Sie treffen die Entscheidungen, welche Orte und Routen touristisch verkauft werden können. Als Kriterien, die für die Gestaltung von Reiseangeboten herangezogen werden, zählt Klaus (Interview E4) auf:

- *Externer Input (Angebote externer Leistungsträger)*
- *Interner Input (neue Ideen durch eigene Mitarbeiter)*
- *Kundenanfragen*

Bei ProTours ergibt sich ein ähnliches Bild. Es zeigt sich, dass die Eingaben, welche touristischen Produkte wie gestaltet werden, primär von den touristischen Entscheidern selbst kommen. Ähnlich wie REIMER es für kanadische Tour Operator proklamiert können die Reisegestalter somit als „*Dream Packager*" (REIMER 1990, S. 503) gelten. Sie selektieren, komprimieren und verkaufen ihre Vorstellung von Patagonien:

> „*Zum Beispiel haben wir bei solchen drei-Wochen-Touren in Patagonien fast nur Estancias als Unterkünfte ausgesucht, weil wir denken, dass die Estancias viel besser das Eigentliche von Patagonien zeigen und gerade die Einsamkeit besser repräsentieren als Hotels oder andere Arten von Unterkünften*" (Bernd, Interview E2).

Der Veranstalter geht davon aus, dass Einsamkeit ein typisches Charakteristikum von Patagonien darstellt. Folglich bietet er diese Einsamkeit in Form von Estancia-Aufent-

---

85 Unter anderem: Akzente Reisen, Dertour, Miller Reisen und Karawane Reisen.

halten an. Die Estancias sind zwar meist abseits gelegen, primär wegen des großen Flächenbedarfs bei der extensiven Tierhaltung. Ob sie aber das *Eigentliche* von Patagonien repräsentieren, ist fraglich. Zumindest aus Sicht bevölkerungsgeographischer Verteilung stellen sie mitnichten einen traditionellen Typus dar. Schon 1906 galten 76 % der Einwohner der Provinz Magallanes als urbane Bevölkerung, die sich in zwei Städten (Punta Arenas und Porvenir) konzentrierte (vgl. MARTINIC 1992, S. 840). Der Zensus von 2002 ergab eine urbane Bevölkerung von fast 93 % für die Region (vgl. Pladeco 2003). Repräsentativ wären somit die Städte in Patagonien. Doch Städte kennt der Besucher aus seinem Heimatland selbst zur Genüge. Andere, attraktivere Symbole werden benötigt. Um den Entwurf der Gegenwelt aufrecht zu erhalten, wird nun die „typische" Estancia zum Besonderen. Sie bildet das Gegenstück zur alltäglichen Erfahrung und gewinnt an Attraktivität.

Es zeigt sich, wie Patagonien als touristische Erfahrung konstruiert wird. Zeichen werden errichtet, die vom Besucher als typische Merkmale gesucht, gelesen und gesammelt werden können (vgl. hierzu auch URRY 2002, S. 3; 12 f. und MUNDT 2001, S. 174).

Akzente Reisen bietet den Kunden die Möglichkeit, die angebotenen Reisebausteine beliebig zu wählen und zu kombinieren. Die Zusammenstellung einer Reise obliege somit einzig den Vorstellungen der Kunden (Interview E1). Aber auch hier werden bei den telefonischen Beratungen subjektive Meinungen weitergegeben. Anhand von Schulnoten wird dem Reisenden das Attraktivitätspotenzial verdeutlicht. Ein Beispiel: *„Der Torres del Paine ist eine Eins mit Sternchen"*[86]. Bei der Kataloggestaltung versucht Martin (Interview E1), Patagonien auch mit Hilfe von Texten dem potenziellen Kunden näher zu bringen. Es *„ist [...] unsere Intention gewesen und ist es auch immer noch, mit den Texten Träume zu verkaufen und Traumbilder in den Köpfen der Leute zu erzeugen."*

Auch in diesem Fall ließe sich der Versuch, eine intendierte und deformierte Botschaft zu verkaufen, als Form der *Mythos*produktion interpretieren. Der Traum (*Mythos*) soll bei den Rezipienten (Kunden) die Traumbilder (Imaginationen) erzeugen.

---

86 Eigene Beobachtung

7 Die Konsumption Patagoniens

> *„Die Natur als Erlebnis steht immer mehr im Mittelpunkt: Freiheit. Wildheit. Abenteuer. [...] Die Natur wird zum Event:* »*Natur pur*«*, also intensives Naturerleben in unberührter Landschaft, stellt den bedeutendsten Urlaubswunsch für die Zukunft dar. Mehr als jeder vierte Urlauber (27 Prozent) äußert diesen Wunsch [...]"* (OPASCHOWSKI 1999, S. 22).

Das folgende Kapitel stellt Patagonien aus der Sicht der Reisenden dar. Es beginnt mit einer Übersicht der interviewten Touristen. Anschließend steht der Versuch, Patagonien aus Sicht der Reisenden zu rekonstruieren und seine wichtigsten Merkmale darzustellen. Insbesondere die Reisemotivation wird ausführlich beleuchtet. Ein Anreiz ist die schon oft zitierte Vorstellung vom ‚Ende der Welt'. Ebenfalls thematisiert werden die Naturvorstellungen der Reisenden. Die Diskussion der Frage, ob die Erwartungen der Reise erfüllt wurden, bildet den Abschluss.

Dieses Kapitel basiert ausschließlich auf den Auswertungen der geführten Interviews. Die geringe Stichprobe kann dabei verständlicherweise keine Repräsentativität bieten. Auch ist durch die Vielzahl individueller Sichtweisen eine Extrahierung grundlegender Gemeinsamkeiten schwierig. Trotzdem scheint es dem Verfasser möglich, einige zentrale Vorstellungen von Patagonienreisenden wiedergeben zu können.

7.1 Die Reisenden

Touristen, die nach Patagonien kommen, sind in der Regel reiseerfahren. *„Das ist keine Destination für Massentourismus oder für jemanden, der anfängt zu reisen. Es ist eine Destination für Leute, die schon viel gereist sind"*, ist sich Klaus (Interview E4) sicher. Die folgende Tabelle gibt einen Überblick über die interviewten Touristen. Dabei lassen sich einige Tendenzen erkennen:

- **Reisedauer**: Bedingt durch die lange und kostspielige Anreise ist sie erwartungsgemäß hoch. Allerdings besuchen viele Touristen neben Patagonien auch andere Regionen in Chile und Argentinien.
- **Einkommen** (Bildung): Die hohen Reisekosten können nur bei entsprechendem finanziellem Rückhalt, also im Normalfall über Beruf und Einkommen getragen werden. Es verwundert daher kaum, dass viele Reisende einen höheren Bildungsgrad und damit verbunden einen entsprechenden Arbeitsplatz haben.

– **Alter**: Das durchschnittliche Alter der Befragten betrug knapp über 40 Jahre, wobei insbesondere die Vertreter von Akzente Reisen und Explora bestätigten, dass sich ihr Kundenstamm primär aus der Altersgruppe 45-70 Jahre zusammensetze.

Tabelle 5: Überblick über die interviewten Touristen

Inter-view	Personen	Geschlecht/Alter	Beruf	Reise-dauer	Reiseart
T1	2	m74/w74	Ruhestand/Ruhestand	31	S/P [87] (AZENTE)
T2	2	m30/w29	Bauingenieur/Marketing	60 (365)	individuell
T3	2	m35/w35	-/-	21	individuell
T4	1	m53	Jurist	14	pauschal (Kreuzfahrt)
T5	2	m43/w40	Chemielaborant/-	42	individuell
T6	2	m50/-	Diplomingenieur	33	S/P (DERTOUR)
T7	2	m37/w34	Jurist/Juristin	24	individuell
T8	2	m68/w64	Manager(Ruhestand)/Hausfrau	21	S/P (AKZENTE)
T9	2	m38/-	Chemiker/-	26	individuell
T10	2	m38/w34	Historiker/Psychologin	31	individuell
T11	2	m30/w30	Verfahrenstechniker/Chemietechnikerin	36	S/P
T12	2	w56/w50	Chefassistentin/Lehrerin	35	individuell
T13	2	m32/w29	Selbstständig/Ärztin	240-360	individuell
T14	2	m34/w27	Heilpraktiker/Physiotherapeutin	28	individuell
T15	2	m42/w30	Consultant/Projektmanagerin	30	individuell
n=15		Ø m43; w41		Ø 28,6 [88]	

Quelle: Eigene Erhebung 2004

Abbildung 20 gibt die schon bereisten Länder der Interviewpartner wieder. Sie verdeutlicht einerseits das Attribut reiseerfahren. Man kann andererseits aus ihr auch ein Reisemuster ablesen: Asien und Afrika sind wenig vertreten. Es dominieren Länder mit ähnlichen klimatischen Verhältnissen und vergleichsweise geringer Bevölkerungsdichte. Insbesondere die fünf erstgenannten Länder bilden eine auffallende Gruppe. Fast alle Befragten waren in einem, die meisten in mehreren Ländern dieser Gruppe.

---

87 S/P = semi-pauschal, d.h. einzelne oder alle Leistungen wurden gebucht (vgl. hierzu auch Seite 24 f.)
88 Der Durchschnitt wurde ohne die beiden Extremwerte 60 und 240–360 berechnet. SERNATUR gibt die durchschnittliche Aufenthaltsdauer für deutsche Chiletouristen mit 24 Tagen an. Zudem würden sie durchschnittlich 58,– US$/Tag ausgeben (Quelle: Internetseite SERNATUR).

Lediglich ein Interviewpartner war bisher in keinem dieser Länder. Seine weiteste Reise ging „nur" nach Grönland.

Abbildung 20: Bereiste Länder der interviewten Touristen

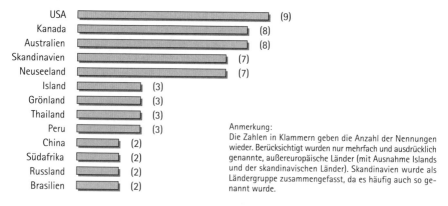

Quelle: Eigene Erstellung

Obige Abbildung impliziert, dass die Destination Patagonien sich durchaus, zumindest was das Attraktivitätspotenzial anbelangt, mit jener erstgenannten Gruppe vergleichen lässt. Die Abbildung 21 zeigt zudem, dass die Befragten auch naturräumliche Übereinstimmungen festgestellt haben.

„Letztendlich ist uns aufgefallen, dass wir doch irgendwie recht ähnliche Länder auswählen. Wenn man jetzt Kanada ansieht, und wir waren auch lange im Yukon oben in Kanada und in Alaska. Man sieht schon immer wieder Berge, Gletscher, Einsamkeit, das wiederholt sich eigentlich schon stark",

resümiert eine Touristin (Interview T2, auch Interview T3) ihren Aufenthalt vor Ort.

Abbildung 21: Mit was könnte man Patagonien vergleichen?

Skandinavien	(3)	Sonstige	
Neuseeland	(3)	(Jeweils eine Nennung für Schottland, Kanada, Island, Grönland, Mongolei, Peru, Schweiz und Portugal)	
Alaska (USA)	(3)		
Irland	(2)	Alpen	(2)

Anmerkung: Die Zahlen in Klammern geben die Anzahl der Nennungen wieder.

Quelle: Eigene Erstellung

HARTMANN sieht in diesem Schema einen psychologischen Projektionsprozess. Die Landschaft, in vorliegender Arbeit reduziert verstanden als *„angeschauter Naturausschnitt"* (HARD 1983, S. 144)[89], dient dem Individuum zum Ausdruck der Mentalität und des persönlichen Lebensstils. Die Bevorzugung eines Landschaftstyps ist vergleichbar mit der Auswahl von Kleidung. Man sucht etwas, in dem man sich „wohl fühlt", und identifiziert sich schließlich damit. Landschaft bietet damit eine Grundlage für die Selbstgestaltung und Selbstdarstellung (vgl. HARTMANN 1982, S. 13).

Der folgende Dialog (Interview T5) knüpft an obiges Zitat an, wird in seinen Ausführungen aber drastischer. Er verdeutlicht, dass Präferenzen für Landschaftsformen eindeutig vorhanden sind und diese auch bis zur „Langeweile" ausgelebt werden können.

Mann: *„Wenn man nach Norwegen fährt oder Schweden oder auch Kanada, das passt, das ist austauschbar."*
Frau: *„Die Landschaft ist ähnlich. Die paar Berge sieht man jetzt so sicherlich nicht in Norwegen [...] denke ich mir. Aber das Drumherum ist schon relativ ähnlich."*
Frage: *Aber wenn alles so ähnlich ist, warum sind Sie dann den weiten Weg gekommen?*
Frau: *„Na ja ich meine... erst mal vorher weiß man das auch nicht. Und es ist ja auch ein bisschen anders, da mittendrin diese Berge, die da stehen..."*
Mann: *„Du hast eine andere Tierwelt hier, die guckst Du Dir an. Es gibt auch eine andere Pflanzenwelt zum Teil hier. Es wird halt irgendwann langweilig, nach Norwegen zu fahren, sehen wir es mal so. Wir sind nicht diejenigen, die immer das gleiche Ziel machen, machen wir eigentlich nie."*

Neben der Bevorzugung von bestimmten Landschaftstypen scheint auch wahrscheinlich, wie es in obigem Zitat schon anklingt, dass Personen, die häufig Fernreisen machen, irgendwann auch von allein auf Patagonien stoßen werden. Hier sind sicher auch die periphere Lage und der bisher nur wenig ausgeprägte Tourismus von Bedeutung. Ob Patagonien dabei als gleichwertig angesehen wird und mit Destinationen wie

---

[89] Ohne hier in die Tiefe der Diskussion um die Bedeutung des Wortes Landschaft einzutauchen, sollen doch einige Aspekte dieses äußerst vielschichtigen Begriffes dargestellt werden, denn *„Tourism, particulary nature tourism, involves a taste for landscape"* (WANG, 2000, S. 82). Ästhetische Aspekte der Natur treten in den Vordergrund, sie wird somit in Landschaft gewandelt, so Wang (ebda). Auch URRY sieht den Wandel von Natur in Landschaft in Form einer ästhetischen Aneignung. Diese äußert sich in *„visuellem Konsum"* (vgl. URRY, 1995, S. 174 f.). HENNIG (1999a, S. 53 ff.) verweist auf die historische Konstruktion des Begriffes und die Nähe zur Kunst. Landschaft lässt sich auch als Text verstehen meinen KNOX und MARSTON. (2001, S. 281) Als *„Archiv einer Gesellschaft"*, das beständig geschrieben und gelesen wird, verstehen sie Landschaft. Eine kurze Übersicht der angelsächsischen Interpretation von Landschaft gibt zudem KEMPER (2003, S. 6 ff.).

Alaska und Neuseeland konkurriert, oder aber in Ermangelung anderer Alternativen bereist wird, lässt sich an dieser Stelle jedoch nicht feststellen.

7.2 Der Ort

Die Abbildung 22 ist der Versuch, die Vorstellungen der Reisenden über Patagonien zu visualisieren. Dargestellt sind die Antworten auf die Frage: *„Was fällt Ihnen spontan zu Patagonien ein?"* Dabei gilt: Die Größe der Kreise ist proportional zur Anzahl der Nennungen.

Abbildung 22: Was fällt Ihnen spontan zu Patagonien ein?

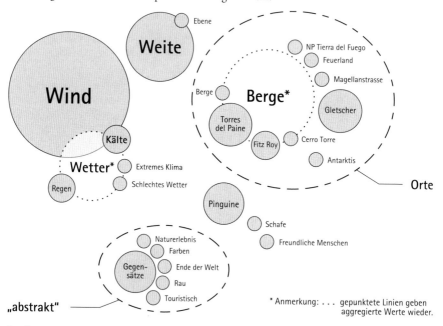

Quelle: Eigene Erstellung

Es zeigt sich, dass die Wahrnehmung Patagoniens sehr stark auf ‚natürliche' Aspekte konzentriert ist[90]. Neben den dominierenden klimatischen Phänomenen (Wind, Wetter) nehmen die Reisenden vor allem landschaftliche Aspekte (Berge, Gletscher,

---

[90] Dabei muss erwähnt werden, dass ein Großteil der Interviews im Freien geführt wurde, die Interviewpartner somit direkt den äußeren Einflüssen (z. B. Wind) ausgesetzt waren.

Weite) wahr. Mit Ausnahme der Pinguine spielen Tiere ebenso wie Menschen keine Rolle bei der Perzeption Patagoniens.

Vergleicht man dieses Ergebnis mit den Empfehlungen, die sowohl die Reisenden als auch die Experten aussprechen würden, ergibt sich ein einigermaßen kongruentes Bild.

Tabelle 6: Häufigste Antworten auf die Frage: Empfehlen Sie drei Dinge, die man in Patagonien gesehen oder gemacht haben muss.[91]

Empfehlungen	Touristen (n=32)	Experten (n=18)
Torres del Paine	7	9
Gletscher (davon Perito Moreno)	7 (4)	- (1)
Pinguine	4	-
Fitz Roy	2	-

Quelle: Eigene Erhebung 2004

Kombiniert man beide Abbildungen, so lässt sich die touristische Wahrnehmung Patagoniens folglich aus dem Torres del Paine (als Idealbild für „Berge"), Gletschern und Pinguinen zusammensetzen. Hinzu kommen ein sehr dominantes Klima und ein Bodensatz individueller Eindrücke.

7.3 Die Motivation

Die Motivation der Touristen, nach Patagonien zu reisen, ist ein zentraler Punkt der Untersuchung. Hier wird deutlich, inwiefern und in welcher Form sich die bisher beschriebenen Prozesse bei den Reisenden manifestieren. Neben individuellen Gründen ist es auch eine kollektive Faszination für bestimmte Orte, bzw. Naturvorstellungen, die Patagonien zu einer attraktiven touristischen Destination machen.

7.3.1 Die Erfüllung eines Wunsches

Die lange Reisezeit und die Ausarbeitung einzelner Stationen machen die ausführliche und intensive Planung eines Patagonienaufenthaltes notwendig. Dieser Prozess geht

---

91 Zur anschaulichen Darstellung wurden hier wurden nur Mehrfachnennungen berücksichtigt. Weitere Nennungen bezogen sich auf Tätigkeiten (z. B. reiten, trekken etc.) oder blieben unspezifisch (z. B. Tiere ansehen, Entdeckerfeeling etc.).

immer auch mit antizipierender Imagination der Reise selbst einher. *„Vorbereitet? Gut wir haben eigentlich den Linienflug genommen und eben alle mögliche Literatur gelesen, was es halt so gibt..."* (Interview T9).

Die Planung wird mit Inbrunst betrieben. Einige fangen damit schon ein Jahr vor Reiseantritt an (Interview T1 oder T12), andere haben die Reise ein paar Mal *„umgeschmissen"* (Interview T8). Allen gemein ist eine intensive Vorbereitung unter Zuhilfenahme von Reiseführern, Reiseberichten (besonders auch im Internet) und Gesprächen mit Leuten, die schon einmal vor Ort waren. Vor allem diese Gespräche wirken sich letztlich reiseentscheidend aus. Erst die Erzählungen von Bekannten, waren für einige der Anlass zu sagen *„ok, das können wir auch"* (Interview T7, T6, T10 und T11). Damit scheinen sich die letzten Zweifel an einer Reise nach Südamerika zu zerstreuen.

Die Erfüllung eines lang gehegten Wunsches war zumindest für vier Interviewpartner der ausschlaggebende Grund, nach Patagonien zu kommen. Ein kleinerer Teil (Interviews T1/T6) besuchte die Region als einen Landesteil innerhalb einer allgemeinen Chilereise[92]. Bei fast allen Interviews schien ein Grund ebenfalls bedeutsam zu sein. Aber nur wenige formulieren es so prägnant wie im folgenden Ausschnitt (Interview T11):

> **Frage:** *Gibt es einen speziellen Grund, warum Ihr Euch für Patagonien als Reiseziel entschieden habt?*
> **Mann:** *[...] Ja es war dann so, dass wir gesagt haben: Wir wollen halt Richtung Süden, weil wir gedacht haben, das Land hier oder dieser Landstrich Patagonien ist halt viel rauer. Und runter bis Feuerland, um eigentlich dieses raue Land richtig zu erleben.[...]*
> **Frau:** *Der Name Patagonien, der hat einfach Faszination.*
> **Mann:** *Genau.*
> **Frage:** *Inwiefern?*
> **Frau:** *Ja das klingt einfach so wie fremde Welt. Ja und so was möchte man natürlich entdecken.*
> **Mann:** *Teilweise haben wir es vielleicht vom, wir tun jetzt noch ein bisschen Bergsteigen, und dann kriegt man auch viel mit so vom Cerro Torre, Fitz Roy, und dann ist halt auch immer dieser Name genannt: Patagonien halt. Und da unten... Patagonien so wild, und Stürme und die Landschaft. Da müssen wir halt mal hin, das war halt irgendwie so die Inspiration.*

---

92 Dabei war Chile als Land das Ziel der Reise. Nicht eingerechnet sind jene, die primär Patagonien besuchen wollten und zusätzlich weitere Etappen eingeplant hatten.

Dieser Interviewausschnitt zeigt, dass der Name Patagonien für sich alleine wirkt. Er wird als *„fremde Welt"*, als etwas Unbekanntes gelesen. Dieses wollen die Touristen erforschen. Patagonien ließe sich folglich als Synonym für Entdeckungen decodieren. Die *„raue"* und *„wilde Landschaft"*, in der sich das Unbekannte auch physisch manifestiert, verstärken einerseits den Aspekt der Authentizität und damit andererseits den Wunsch, das *„Land richtig zu erleben"*. Man muss in die *„Landschaft einsteigen"* und *„sich von Natur begeistern lassen"* (Interview T10), sich also aus dem alltäglichen Korsett lösen.

Dabei sind vorgegebene Bilder und Vorstellungen inkorporiert und werden gezielt aufgesucht. Ohne in einem der Nationalparks gewesen zu sein, antwortete ein Tourist auf die Frage nach den Höhepunkten in Patagonien:

> *„Also ich denke hier die Parks* [Nationalparks] *werden schon die Highlights sein, die werden überall so gepriesen. Sind glaube ich auch bei GEO in diesen Reisen, die man mal machen sollte oder so, die tollsten Reisen der Welt oder so* [aufgeführt ...]*"* (Interview T10).

Schon vor der Reise entsteht ein Bild der Region. Das Auffinden dieser vorgegebenen Highlights stellt dann ein wichtiges Ziel der Reise dar. Doch trotz der intensiven Vorbereitung kommt es insbesondere bei den naturräumlichen Vorstellungen zu Überraschungen vor Ort. Es scheint schwierig, sich unterschiedliche Aspekte eines Naturraumes als Ganzes vorzustellen. Interessanterweise handelt es sich bei diesen Vorstellungen um gegensätzliche:

> *„Ich hatte nicht gedacht, dass es so bergig ist, das habe ich dann erst später gesehen. Wir haben vor ein paar Monaten den Film „Historias Minimas" gesehen, der spielt auf der argentinischen Seite, und da sieht man wirklich die ganze Zeit dieses Flachland. So hatte ich es mir ursprünglich vorgestellt, das hat auch ein bisschen was mit Chatwin zu tun."* Vorbereitet auf die Reise: zwei Reiseführer, Biographie von Pablo Neruda, Bekannte, Internet, Bruce Chatwin (Interview T7)

> *„Ich habe mir erst viel mehr Berge vorgestellt. Und dass eben diese Ebenen* [...]*, wo nur Gras ist* [...]*, dieses habe ich nicht gewusst, dass es so was gibt. Also natürlich muss irgendwas dazwischen sein, aber ich habe mir einfach keine Gedanken gemacht. Ich habe einfach nur Bilder gesehen von Bergen und von Lamas, und das war für mich Patagonien."* Vorbereitet auf die Reise: fünf Reiseführer, Outdoor (Zeitschrift), Internet, Auswärtiges Amt (Interview T11)

Selbst die gründlichste Vorbereitung lässt also noch Platz für Überraschungen. Andererseits steigt mit dieser intensiven Antizipation auch die Gefahr, enttäuscht zu werden. Jorge (Interview E10) bringt es auf den Punkt:

„*Den Park* [Torres del Paine] *kennt doch sowieso schon jeder. Überall bekommt man Informationen darüber und sieht Bilder. Das Einzige, was noch fehlt, ist ihn live zu sehen. Daher wird es Dich auch nicht wirklich überraschen, denn Du hast ihn ja ihm Kopf schon vorgezeichnet.* [...] *Vielleicht stellt sich dann ein Enttäuschung ein: He, ich dachte das wäre besser hier.*"

Und in der Tat gibt es Enttäuschungen. Jedoch weniger, was die Dimensionen der Landschaft anbelangt, als vielmehr das Vorhandensein von anderen Touristen. Der Großteil ist zwar (scheinbar) zufrieden und gibt an, dass sich die Erwartungen voll und ganz erfüllt hätten. Einige Touristen klagen allerdings, wenn auch (noch?) zaghaft, über den unerwartet hohen Besucherandrang. „*Die Torres wirken für mich* [...] *wie auf der Zeil* [Einkaufspassage in Frankfurt] *würde ich sagen. Also die Einsamkeit gibt es hier nicht. Da musst Du halt nach Norwegen oder Kanada*" (Interview T5, T3). Auch die infrastrukturelle Erschlossenheit des Nationalparks wirkt auf einige Touristen eher konträr zum Naturgedanken (Interview T2).

Hans, der deutschsprachige Betreiber eines Hostals in *Puerto Natales* macht dafür aber vor allem die Touristen selbst verantwortlich: „*Es gibt soviel hier, aber alle rennen in den Nationalpark, dabei müsste man nur zehn Minuten gehen, um in Einsamkeit zu sein*"[93].

Der Torres del Paine Nationalpark ist ohne Zweifel der touristische Magnet in der Region. Die Dominanz des Parks, von den Tourismusmanagern vorgegeben und von Journalisten zitiert, überträgt sich auch auf die Touristen. Damit erhält er eine spannende Position. Er ist einerseits eine touristische anerkannte Attraktion, deren Besuch einer Pflicht gleichkommt, wird aber andererseits auch als ein „authentisches Paradies" vermarktet. Das muss zwar nicht zwangsläufig widersprüchlich sein, dürfte aber bei einigen Touristen zu Enttäuschungen führen. Es steht somit zu erwarten, dass in Zukunft mehr Stimmen zu hören sind, die die gesuchte Einsamkeit in der Natur vor lauter Menschen nicht mehr finden.

7.3.2 Kontext 3: Patagonien als Lebenstraum

Vorbemerkungen: „Ferdi" aus Italien hatte sich vorgenommen, mit dem Fahrrad in zwei Monaten von Santiago de Chile nach Ushuaia zu fahren. Der Autor traf ihn fast am Ende seiner Reise in der Nähe des Torres del Paine Nationalparks.

---

93 Gesprächsnotiz vom 13.12.2003

„*Als ich klein war, ging ich immer mit einem Mann fischen, der aus Patagonien stammte. Er erzählte mir von den großen patagonischen Lachsen, die es hier gäbe. Seit dieser Zeit wollte ich einmal nach Patagonien kommen.* [...] *Als ich meine Frau vor 21 Jahren geheiratet habe, habe ich ihr gleich gesagt, irgendwann werde ich einmal nach Patagonien gehen. Sie musste mich mit diesem Traum teilen.* [...] *Auf meine Radtour hier habe ich mich acht Monate intensiv vorbereitet. Ich habe jeden Tag, bei Wind und Wetter, drei Stunden lang trainiert. Um fünf Uhr bin ich aufgestanden, um noch vor der Arbeit Rad fahren zu können. Eigentlich wollte ein Freund mit mir mitkommen, aber ich habe ihm kurz vorher abgesagt. Ich erklärte ihm, dass dies etwas sei, was ich alleine machen müsse. Er könne ein oder zwei Tage vor oder hinter mir fahren, und wir treffen uns einmal in der Woche irgendwo, aber gemeinsam wollte ich nicht fahren. Nur alleine kann ich diese Freiheit spüren, kann machen, was ich will und mein Zelt hinstellen, wo ich will. Und es ist fantastisch, aber man kann es anderen nicht erklären. Entweder man spürt dieses Gefühl, oder man kann es nicht begreifen. Selbst meine Familie versteht mich nicht.* [...] *Von meiner Firma aus musste ich ein Satellitentelefon mitnehmen. Da ich der Direktor bin, rufe ich jeden Morgen in Italien an und erkundige mich nach der Lage.*" (notiertes Gespräch [in englischer Sprache] vom 6.12.2003 auf dem Weg zwischen dem Torres del Paine Nationalpark und Puerto Natales).

Dieses Beispiel zeigt die Vielschichtigkeit der Vorstellungen von Patagonien. Deutlich sticht erneut das Element der Kindheit wieder hervor. In diesem Fall geht es weniger um die Aspekte Natur und Landschaft. Ferdi, so scheint es, sucht nicht deren Authentizität, sondern eher eine Form von Selbstverwirklichung. Der Raum wird dabei aber nicht obsolet, im Gegenteil, die Realisierung des persönlichen Konzepts von Freiheit benötigt eine adäquate Ausdrucksfläche. Die gleiche Tour quer durch Italien wäre für Ferdi wohl keine Alternative gewesen. Es musste Patagonien sein. Nur in der räumlichen Gegenwelt kann sich auch die mentale formieren und damit eine Einheit bilden.

Widersprüchlich ist dabei die Tatsache, dass das Satellitentelefon, trotz seiner Funktion als Bindeglied zwischen Alltag und Gegenwelt, bei der Realisierung von Freiheit offensichtlich nicht als störend empfunden wird. Es scheint also, als ob sogar hier das (eher) imaginäre Ausleben der Träume wichtiger ist, als das konsequente Verlassen des Alltags.

7.3.3 „Einmal die Magellanstraße sehen..."

Neben individuellen Verwirklichungen spielen auch einzelne Orte und ihre Historizität beziehungsweise ihre geographische Lage eine Rolle. Dabei geht es in erster Linie um das Gefühl, einmal da gewesen zu sein, und damit verbunden um den Reiz der Exklusivität.

„Aber es hat schon was mit diesen Schlagwörtern Magellanstrasse und Feuerland [auf sich]. *Ich glaube schon, dass sich das in Deutschland ... hört sich das jetzt irgendwie, weiß ich nicht, noch sehr besonders an, wer fährt da schon hin"* (Interview T2)?

Einige begnügen sich damit, lediglich am Ufer zu stehen (*„Einmal die Magellanstrasse sehen, das waren für mich schon so ausschlaggebende Sachen"*, Interview T10) oder Fotos zu machen (*„Du hast heute auch noch mal unten die Magellanstrasse fotografiert"*, Interview T6). Andere überqueren sie auch, um nach Feuerland zu gelangen (*„wirklich nur, um mal über die Magellanstrasse gefahren zu sein und mal auf Feuerland zu sein..."*, Interview T2). Weniger der Raum als solcher ist von Interesse. Konsumiert werden vielmehr die Zeichen, Images und auch Namen, die ihm auferlegt wurden.

Frau: *Da ging es wirklich nur darum zu sagen, man war auf Feuerland.*
Mann: *Wie manche dann sagen, gut jetzt will ich nach Ushuaia in Argentinien oder noch weiter nach Williams* [Puerto Williams] *auf dieser Insel, also so wirklich am südlichsten Punkt zu sein. Wir hatten jetzt nicht mehr die Zeit, sonst hätten wir das bestimmt sehr gerne verbunden."* (Interview T2)

Während für die Segler das Kap Hoorn das „Maximal-Erreichbare" auf den Weltmeeren darstellt, so üben die Magellanstrasse und der südlichste Punkt oder Ort einen ähnlichen Reiz auf die Touristen in Patagonien aus. Die Attraktivität, die von den Superlativen ausgeht, macht sie zu begehrten Attributen für das touristische Marketing und verwandelt unbekannte Orte in gefragte Repräsentationen ihrer selbst.

Noch vor wenigen Jahren war es kaum möglich, an das *Kap Froward* zu gelangen. Der südlichste Festlandspunkt der Welt ist heute als organisierter Zweitagestrip buchbar (Interview E10). Lange Zeit galt auch Punta Arenas als südlichste Stadt der Welt[94], und noch heute kann man am Flughafen in Punta Arenas ein ‚Diplom' erwerben, das dem Besitzer den Besuch der *„ciudad mas austral del mundo"* (südlichsten Stadt der Welt) bescheinigt. Mittlerweile trägt jedoch Ushuaia in Argentinien diesen inoffiziellen Titel, und allein solche Attribute sorgen für eine hohe Attraktivität, wie Interviewpartner eingestanden:

„Ich glaube jetzt nicht, dass, wenn Ushuaia jetzt halt nicht auf Feuerland die südlichste Stadt wäre, würde ich wahrscheinlich nicht unbedingt hinfahren. Allein,

---

[94] Schon SAINT-EXUPÉRY (2002, S. 78) berichtete von Punta Arenas als „der südlichsten Stadt der Welt".

Die Konsumption Patagoniens   115

um das zu sehen, was man da sehen kann, ich glaube der Ort, gut ich weiß es nicht, ich war ja noch nicht da, aber er ist wahrscheinlich nicht so aufregend, und der Nationalpark wird sich wohl auch nicht, denke ich mal, so sehr von den anderen Nationalparks unterscheiden, die hier in der Gegend sind." (Interview T7)

"Ushuaia, das klingt auch wieder wie Märchenland, und es wird wohl nicht so märchenhaft sein, aber es klingt fantastisch, und es ist vielleicht so ein ganz kleiner Anreiz. Es ist halt wirklich auf der anderen Seite der Weltkugel, und ich habe mich gefragt, fühlt sich das anders an, wenn der Südpol näher ist als der Nordpol? Aber es fühlt sich nicht anders an." (Interview T1).

Punta Arenas kann sich nur noch *„südlichste Festlandsstadt der Welt"* nennen. Doch Puerto Williams, noch südlicher als Ushuaia, hat die Herausforderung angenommen. Litt es bisher an der schlechten Erreichbarkeit, so steht mit der besseren Anbindung (in der Saison 2003/2004 wurden in Punta Arenas bereits Pauschalarrangements angeboten) zu erwarten, dass in wenigen Jahren Chile den Titel für die südlichste Stadt der Welt wieder für sich beanspruchen wird.

Im Gegensatz zum Naturraum, der möglichst unberührt sein soll, verlangen die Reisenden von den Städten jedoch eine auf den Tourismus ausgerichtete Grundinfrastruktur. *„Was uns wirklich erstaunt hat, [...] dass dieses Porvenir [Ortschaft auf Feuerland] nichts aus sich gemacht hat"* (Interview T2), so die ernüchterte Feststellung. Noch nicht einmal eine Postkarte könne man von da aus schreiben. *„Sie könnten schon ein bisschen mehr entwickeln"* lautet folglich die Forderung.

7.3.4 Das Ende der Welt: „Das hört sich einfach gut an"

„Das Ende der Welt ist auch ein Synonym für das Unbekannte. Was gibt es dort? Mysterien haben immer eine anziehende Wirkung. Kolumbus wusste auch nicht, was ihn erwartet. Und die Leute wollen immer nach Ushuaia oder nach Puerto Williams, was gerade touristisch erschlossen wird. Wenn man fragt, warum bleibt ihr nicht in Calafate oder in Natales, antworten die Leute, nein wir wollen zum Ende der Welt. Das wirkt wie ein Magnet, der anzieht, weil es etwas Unbekanntes ist. Und das hilft uns enorm dabei, Werbung zu machen" (Claudia, Interview E6).

„Und das hat [...] auch [damit] zu tun zu sagen, eh guck mal, da unten waren wir schon, die Landkarten zu sehen und: Guck mal da unten" (Interview T10).

Abbildung 23: Das „Ende der Welt" aus europäischer Sicht

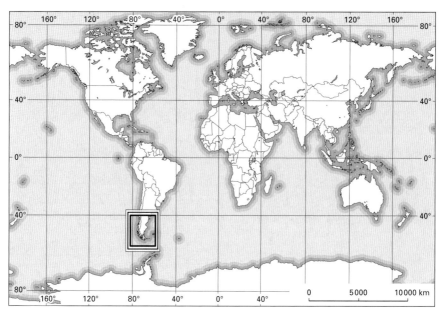

Quelle: Eigene Erstellung, mod. von A. Kaiser

Will man HARRISON (2002, S. 13) Glauben schenken, so bedeutet Chile in der Aymara[95] Sprache „Wo das Land zu Ende ist". Doch insbesondere der Süden Chiles mit seinen zahlreichen Inseln und Kanälen bietet sich aus morphologischer Sicht für ein Weltende an. „Kap Hoorn [...] ist der Schlußpunkt des Inselgewirrs, in das sich die Spitze des südamerikanischen Kontinents aufgelöst hat. Hier hört die Welt auf." Auch die Seefahrt verknüpfte die Vorstellung vom Ende der Welt mit dieser Region (vgl. DREYER-EIMBCKE 1996, S. 9). Folglich ist das Ende der Welt keine Erfindung des Marketings, obgleich es heute darin aufgeht und zur Gallionsfigur publizierter Äußerungen über Patagonien wird.

Dabei gibt es nicht nur ein Ende der Welt. Gibt man beispielsweise bei der Internetsuchmaschine Google[96] „Ende der Welt" ein, so gibt diese mehr als drei Millionen

---

95 Aymara ist eine indigene Sprache aus dem Norden Chiles.
96 http://www.google.de; Abfrage vom 11.07.2004. Suchkriterieren: Seiten aus Deutschland. Gefundene Seiten: 3.050.000.

gefundene Seiten aus. Lediglich die ersten 100 Einträge verdeutlichen, dass die Welt viele verschiedene Enden hat. Nach Feuerland (Platz 11), folgt die erste Nennung, die sich explizit auf Patagonien bezieht auf Platz 21.Vorher werden als weitere geographische Enden der Welt genannt: Neuseeland und Australien (häufig auch bezeichnet als *„schönste Enden der Welt"* auf Platz 1, 6, 15, 18, 19, 20), *Finisterre* in Frankreich (Platz 3), Südafrika (ebenfalls *„das schönste Ende der Welt"*, Platz 8) und Russland (Platz 16). Zumindest im Internet ist das Ende der Welt somit nur wenig mit Patagonien verknüpft. Im Gegenteil, es wird eher mit Neuseeland und Australien in Verbindung gebracht. Doch im Gegensatz zu den „schönsten Enden der Welt" oder auch „dem anderen Ende der Welt" wird Patagonien meist nur als Ende der Welt bezeichnet. Der touristischen Attraktivität tut dies aber keinen Abbruch, im Gegenteil:

Frage: *Was fällt Euch spontan zu Patagonien ein?*
Frau: *Weite.*
Mann: *Ende der Welt.*
Frage: *Ende der Welt inwiefern?*
Mann: *Na ja, weil es, ich finde einfach von Deutschland aus gesehen ist [es] schon mal so die ganz andere Ecke [...] neben Australien oder Neuseeland. Und für mich mit Sicherheit die reizvollere Ecke.*
Frage: *Warum?*
Mann: *Wilder würde ich es mal nennen.*   (Interview T14)

Patagonien ist nicht das schöne, sondern das wilde Ende der Welt[97]. Erneut wird die Vorstellung sichtbar, dass Abenteuer und Entdeckungen hier noch möglich sind. Ein Ziel ist es: *„as far as we can get down on the road to see the end"*, denn *„everybody wants to see the beginning and the end"*[98], so der Glaube eines Reisenden. Der südlichste Punkt wird zu einem konsumierbaren Superlativ und übt eine ähnliche Attraktivität aus wie das Nordkap in Norwegen. *„Wir schicken nach Hause Grüße vom Ende der Welt"*, formulieren es die Touristen (Interview T10, T13) und starten damit die Reproduktion der Vorstellungen über Patagonien.

Das Ende ist dabei multidimensional erfahrbar. Es ist einerseits das räumliche Ende der Peripherie, es gibt nur eine südlichste Stadt. Oder wie Bruce CHATWIN einst nicht ganz zu Unrecht meinte: *„Patagonien [ist] der fernste Ort, den der Mensch von seiner Urheimat aus zu Fuß erreicht [hat] "* (zitiert nach SHAKESPEARE 2000, S. 464).

---

97 Auch diese Vorstellung wird medial produziert und transportiert: „Das wilde Ende der Welt" so der Titel des Magazins Berge (1/2005) über Patagonien.
98 Gesprächsnotiz vom 19.12.2003 in Punta Arenas

Andererseits ist auch das Ende des Tourismus erlebbar: „*Es ist eine Destination für Leute, die schon viel gereist sind. Die kennen fast schon die ganze Welt, das ist so die letzte Destination wo sie hinkommen*", glaubt Klaus (Interview E4). Ein Tourist konkretisiert dieses Motiv im Rückgriff auf unberührte Naturvorstellungen: Es ist „*eine der letzten erreichbaren Wildnisse, also wo auch wirklich Leute noch hinkommen […]*" (Interview T14). Eine Folge davon ist die schon angesprochene Exklusivität der Destination. Allerdings muss man sich beeilen, bevor der Massentourismus aus dem Besonderen das „Normale" macht:

„*[…] landschaftlich ist es superschön und reizvoll, […], es] steht ein Satz hier in dem Reiseführer, der mir ganz gut gefallen hat, und so sehe ich das für Patagonien: Das Land wird von den Touristen zu Tode geliebt* [99]. *Und so muss man es glaube ich sehen. Wir sind froh, dass wir jetzt hier sind, weil in fünf Jahren wirst du eher mehr die Touristenschilder und ausgewaisten… dieser typische Spanieneffekt, hier kriegen sie den Tchibo oder Eduscho Kaffee, man spricht Deutsch. […] Von daher sind wir froh, dass wir jetzt hier sind*" (Interview T15).

Doch nicht nur für die Touristen ist Patagonien ein Ort von besonderer Bedeutung. Auch in Chile selbst genießt der „Große Süden" einen besonderen Ruf, wie Luis (E10) bestätigt:

„*Wenn man sagt, dass man in Patagonien lebt, ist das fast ein Pluspunkt im Lebenslauf, nicht so sehr bezogen auf die Arbeit, sondern auf die Erfahrung. Das wird verbunden mit einem Leben an einem sehr interessanten Ort. […] Meistens kommen dann Kommentare wie: „Oh wie kalt ist es da", oder „Wie schön, dort zu leben mit den Pinguinen." Wenn die Leute Patagonien hören, dann steigt ihr Interesse, mehr darüber zu erfahren. […] Sie denken dabei an etwas Unnormales.*"

Auch mit der Formulierung „Ende der Welt" stimmt er überein. Einerseits würde der Blick auf die Landkarte dies bestätigen, andererseits ließe die isolierte Lage auch innerhalb Chiles keinen anderen Schluss zu. Dies bestätigt auch José (Interview E8), gleichzeitig sieht er aber auch den touristischen Nutzen: „*Es könnte das Ende der Welt sein, aber auch der Anfang der Welt. Aber die Leute sind natürlich glücklich, wenn sie das Ende der Welt sehen können*"[100].

---

99 „Sie lieben ihn zu Tode', sagen Naturschützer über die Besucher des [Torres del Paine National] Parks" (Reise Know How, 2000, S. 478).

100 Interessant wäre an dieser Stelle auch die Fragestellung, inwiefern die touristisch produzierten und medial verbreiteten Vorstellungen über Patagonien auch von der einheimischen Bevölkerung inkorporiert werden.

7.3.5 Grün... Die Vorstellungen von Natur

> *„Natur bedeutet für mich Leben und Inspiration und Magie. Natur ist alles. Natur ist das, was es uns erlaubt, Touristen hier empfangen zu dürfen. Die Leute suchen das und finden es hier. Für mich und für viele andere hier ist die Natur ein Teil von uns. Natürlich müssen wir uns auch um den Schutz der Natur kümmern"* (Claudia, Interview E6).

Neben individuellen Vorstellungen und dem Konsum von Superlativen ist Natur beziehungsweise die Vorstellung von unberührter Natur ein elementarer Bestandteil des touristischen Patagoniens. Patagonien sei ein *„Synonym für Natur"*, wie Martin (Interview E1) es umschreibt.

Das Verhältnis des Menschen zur Natur ist ein gespaltenes, ein durch historische Brüche und Diskontinuitäten gezeichnetes. Es ist geprägt durch Gegenbewegungen und Widersprüchlichkeiten. Während einige Gesellschaften Natur nach ihrem Nutzwert betrachten, haben anderen einen ästhetischen Blick dafür entwickelt (vgl. HARTMANN 1982, S. 5). Unsere touristischen Vorstellungen von Natur wurden, folgt man ENZENSBERGER (1979, S. 190), in der Romantik geprägt:

> *„Sie verklärte die Freiheit und entrückte sie in die Ferne der Imagination, bis sie räumlich zum Bilde der zivilisationsfernen Natur [...] gerann. Dies, die unberührte Landschaft und die unberührte Geschichte, sind die Leitbilder des Tourismus bis heute geblieben."*

Auch WANG (2000, S. 82) sieht in einem *„turn of mind"* des späten 18. Jahrhunderts den Ursprung des heutigen Naturtourismus. Die stärker werdende Technologisierung der natürlichen Lebensumwelt führte zu einer romantisierten Sichtweise von Natur. Der Verlust der Bindung an die Natur durch die zunehmende Beherrschung und Unabhängigkeit von derselben brachte eine Gegenbewegung. Die Maler und Dichter der Romantik ästhetisierten und emotionalisierten Natur. Dominante gesellschaftliche Gruppen nahmen diese Vorstellungen von Natur auf und determinierten sie. Das Bürgertum, konstatiert BORGHARDT (2002, S. 57), sei primär verantwortlich für die romantische Sichtweise der Natur zu Beginn der Moderne.

GROSSKLAUS (1983, S. 172 ff.) unterscheidet thesenartig vier Phasen, in denen der vom Bürgertum ausgehende Naturgedanke sich besonders prägnant gesamtgesellschaftlich artikulierte. Die erste Phase dieser *„Natur-Gegenbewegungen"* erreichte 1730 ihren Höhepunkt, die zweite, weitaus stärkere und prägendere Phase um 1780. Eine dritte folgte um die Jahrhundertwende des 20. Jahrhunderts, die vierte schließlich begann ab 1970.

Den Beginn der letzten Phase charakterisieren für ihn (unter anderem) „neue Formen ‚natürlichen' Reisens" (ebda, S. 177). Darunter versteht er primär „Outdoorreisen", die mehr oder minder stark dem Abenteuergedanken unterliegen. SCHRUTKA-RECHTENSTAMM (2001, S. 26) greift diesen Gedanken auf und sieht darin, auch im Rückgriff auf den einsetzenden Massentourismus, die „Sehnsucht nach authentischem Naturerleben". Allerdings unterscheidet sie zwischen zwei Formen des Naturerlebens. Auf der einen Seite wird Natur zur Kulisse degradiert. Sie dient als Bühne für Outdoor-Sportarten und -aktivitäten. Auf der anderen Seite steht die „ästhetische Kontemplation oder mythische Entrückung" der Natur. Auch wenn Mischformen möglich sind, lässt sich doch meist eine Unterscheidung zwischen Aktivitäten *in* und Betrachten *der* Natur feststellen. Es kommt also ganz darauf an, welche Vorstellungen von Natur man subjektiv umsetzen möchte.

HENNIG begreift den ästhetischen Aspekt der Naturbetrachtung ebenfalls als bedeutsam. Mit dem Verweis auf die Vorstellungen des späten 18. Jahrhunderts gibt er ein Paradigma wieder, welches an Aktualität bis heute nichts verloren hat: „*Sie* [die Traumlandschaften] *sollten zugleich harmonisch und rauh, abwechslungsreich und wild wirken; vor allem aber mußten sie als unberührt von jeder menschlichen Tätigkeit erscheinen*" (HENNIG 1999a, S. 104 f.).

Diese Vorstellungen findet man in den Aussagen von Patagonienreisenden wieder. Nachfolgender Ausschnitt (Interview T2) steht insbesondere in Bezug auf Einsamkeit und Ursprünglichkeit stellvertretend für den vorherrschenden allgemeinen Naturgedanken der Interviewpartner.

Frage: *Wie würdet Ihr für Euch selber Natur definieren?*
Frau: *Also ich würde sagen Einsamkeit, Ursprünglichkeit, halt wenig Infrastruktur und halt wenig Bewohner und Gebäude, grün.*
Mann: *Aber zur Natur, ich meine eigentlich ist das alles, gehören aber auch eben die... also die Pampa allein ist für uns nicht der Begriff von Natur, sondern vielleicht Berge, Seen so was...*
Frau: *Wälder*
Mann: *Grün. Ja Wälder, Bäume.*
Frau: *Ja wichtig ist auch schon grün. Also das ist uns auch aufgefallen, als wir aus dem Norden* [Atacama] *kamen. Da gibt es ja auch Einsamkeit und Wüste pur, das ist mal ganz interessant zu sehen, aber das ist nicht da, wo wir gerne Urlaub machen und was wir uns unter Natur vorstellen. [...] Tiere sind auch wichtig für den Begriff von Natur, Tiere sehen.*

Wiederum zeigt sich die Präferenz für einen bestimmten Landschaftstyp. Berge, Seen, Wälder und Bäume werden als Natur akzeptiert und nachgefragt[101]. Werden die Vorstellungen der Unberührtheit und Ursprünglichkeit nun auf Patagonien übertragen, ergeben sich auch differenzierte Aussagen. *„Die unberührte Natur gibt es nicht mehr [...]"*, lautet eine Meinung (Interview T5) dazu. Eine andere (Interview T10): *„Für mich bedeutet Natur, da wo nicht ganz so viele Menschen sind [...], ja in Richtung unberührt, das was wahrscheinlich im Torres del Paine nicht so ist"*. Andere (Interview T6) wiederum legen weniger starke Kriterien an: *„Das [Torres del Paine Nationalpark] ist Natur, ja, touristisch erschlossen, aber es ist Natur ja. Genau wie letztendlich die Pampa hier auch Natur ist."* Die Andersartigkeit der Natur im Vergleich zur heimischen wird ebenfalls hervorgehoben: *„Natürlich sind Touristen unterwegs, aber du hast auch kilometerlange Landschaften, und das hast du nirgendwo in Europa. So viel... kilometerlang gar nichts, nichts. Das ist super."* Und der Reisepartner pflichtet bei: *„Das ist beeindruckend, also genau das ist ja auch die Erwartungshaltung"* (Interview T15).

Auch wenn die Natur nicht völlig unberührt ist, so wird sie doch als noch *„natürlicher"* angesehen als beispielsweise in Deutschland (Interview T7). Auch das „Draußen Sein" und die „Reduzierung auf das Wesentliche", also die Loslösung *„von dem ganzen Materiellen"* (Interview T11) spielen dabei ein Rolle. Die Natur *„gibt Gefühlen Raum, die im gewöhnlichen Leben begrenzt und beschränkt sind"*, (HENNIG 1999a, S. 111). Dabei ist auch davon auszugehen, dass insbesondere die klimatischen Phänomene diese Empfindungen verstärken.

Aber auch die Vorstellungen von Ursprünglichkeit im Sinne einer „back-to-basics" Mentalität unterliegen einem Wandel. Bezug nehmend auf RÖTTGEN (1999)[102] weist SCHRUTKA-RECHTENSTAMM (2001, S. 29) auf einen Wandel in der Mitte der 1990er Jahre hin. Eine Inhaltsanalyse der Zeitschrift *Outdoor* ergab, dass sich nach 1995 Komfort und Bequemlichkeit durchaus mit Natur vereinbaren ließen. Neben Zelt und Kocher lässt sich somit auch das 5-Sterne Hotel in der Wildnis rechtfertigen, da *„die selbstauferlegten Strapazen [...] zugunsten ästhetischer und sportlicher Erlebnisse in den Hintergrund* [treten]" (ebda). Ein Umstand, von dem die Destination Patagonien mit ihren Luxusofferten im Besonderen profitiert.

---

101 Entsprechend gestalten auch die Reiseanbieter ihre Offerten: „[...] *dunkle Wälder und tiefblaue Seen zwängen sich in die steil aufragende Andenkordillere*" (Katalog Akzente Reisen 2003/2004).
102 Monika Röttgen (1999): Einmal Natur und zurück. Outdoor Kultur im Spiegel des Reisemagazins „Outdoor". Unveröffentlichte Magisterarbeit. Bonn. Im Folgenden zitiert bei Schrutka-Rechtenstamm (2001).

Die Naturerwartungen der Touristen sind aber nicht nur durch die Vorstellungen der Unberührtheit geprägt. Die schon von den Bildern her bekannten Attraktionen wollen, wie schon angedeutet, auch besucht und erfahren werden. *„Erst mal einen Gletscher finden"*, beschreibt ein Tourist (Interview T10) seinen Wunsch für die Reise. Was geschieht, wenn er einen gefunden hat, ist schon festgelegt:

> *„Ich denke mal, wenn man vor einem Gletscher steht, das beeindruckt einfach. Diese Kraft der Natur, dieses Unbändige. Das ist auch das Wetter mit dem Wind und so. Und dann tun da die Pinguine rum, die man sonst nur im Zoo sieht. Das sind so viele Faktoren, die auf einmal dieses Bild vom Ende der Welt und von Patagonien lebendig werden lassen durch natürliche Eindrücke. Ja es ist halt keine Diashow, wo einem die Leute irgend etwas zeigen, sondern man kann es einfach erleben."* (Interview T10).

Das Ergebnis der Reise steht vorher fest: Es wird beeindrucken. Der *Mythos* hat funktioniert. Reale Wahrnehmung und Imagination werden zu einer imaginierten Welt verwoben. Patagonien wird lebendig oder wie HENNIG (1997b, S. 47) es formuliert: *„Die Reise oszilliert in eigentümlicher Weise zwischen Realität und Traum; sie wird zur konkreten Utopie [...]."*

7.4 Erwartungen erfüllt?

> *„Von dem, was man so gesehen hat, ist es schon ein Höhepunkt. Auch von dem, was man in Erinnerung behält.[...]"* (Interview T7)

Ein Reiseanbieter fasst es treffend zusammen: *„die große Mehrheit hat [...] gesagt, wir haben teilweise nicht unerhebliche Vorstellungen, Träume und Ansprüche gehabt, aber das ist bei Weitem meistens übertroffen worden"* (Interview E1). Zu *„100 Prozent"* (Interview T9) hätten sich die Vorstellungen erfüllt, sagte ein Interviewpartner. Eine andere Touristin pflichtete bei: *„Die Realität ist immer schöner als irgendein Foto. Es ist ja auch das ganze Ambiente, aber es hat uns eigentlich sehr positiv überrascht"* (Interview T12).

Kaum jemand, so scheint es, verlässt Patagonien enttäuscht. Auch Klaus (Interview E4) spricht von einem sehr hohen Zufriedenheitswert. Er führt dies auch auf die Reiseerfahrung der Touristen zurück. Sie *„wissen, was auf sie zukommt, [sie haben] sich gut vorbereitet, und im Grunde [werden sie] deswegen auch keine Überraschungen vorfinden."* Selbst Touristen, die sich anfänglich eher kritisch gezeigt haben, gaben an, dass zumindest die klimatischen Phänomene *„beeindruckend"* seien.

Eine unerwartete Überraschung war für viele die Begegnung mit Einheimischen. „*Was uns sehr aufgefallen ist, ist eben die Freundlichkeit der Menschen*", formuliert es eine Touristin (Interview T12). Auch wenn es meist Verständigungsprobleme gibt, wird der Kontakt mit den Menschen vor Ort von vielen als etwas Besonderes dargestellt. Diese besondere Herzlichkeit finde man in Europa kaum, ist sich mancher sicher (Interview T8). Die sozialen Kontakte verstärken die Authentizität und damit das Gefühl, wirklich etwas Besonderes zu erleben: „*So eine richtige Hafenkneipe in Punta Arenas. Das war klasse, da stehen auf einmal die Hafenarbeiter vor einem. Man versteht nicht ein Wort, aber es ist freundlich*" (Interview T10). „*Paradoxerweise*", so schrieben schon DELABORDE und LOOFS (1978, S. 13), „*ist es also der Mensch, der dem Gesicht dieses Landes den schönsten Zug gibt [...].*"

Wenn Unzufriedenheit geäußert wird, dann bezieht sie sich primär auf die schon angesprochene Gegensätzlichkeit zwischen erwarteter Unberührtheit in Verbindung mit Einsamkeit und dem tatsächlich vorgefundenem „*schmalen Gringopfad*", der „*alles sehr einfach macht. Viel einfacher als wir gedacht haben*" (Interview T2). Das Abenteuer der „Entdeckungs"-Reise muss mit anderen geteilt werden.

Den zu Hause Verbliebenen kann man nach der Reise ausführlich berichten. Dies geschieht zumeist über Bilder oder Filme.

„*Und ich glaube, wenn wir die Dias zeigen werden, eine Auswahl davon, werden wir aus dem Reden überhaupt nicht rauskommen. Ich meine, Du merkst es jetzt schon, [...] wir sind jetzt ein paar Tage erst hier, und es beeindruckt einen doch.*" *(Interview T10).*

Manche planen auch einen „Erlebnis-Abend", um ausführlich berichten zu können. Dabei gestehen sie aber auch ein, das wirkliche Erleben von Patagonien nicht kommunizieren zu können.

Frage: *Wenn Ihr Euren Verwandten oder Bekannten nach Eurer Rückkehr von Patagonien berichten sollt, was erzählt Ihr denen?*
Frau: *Wir wollen die Dias zeigen, und wir haben Musik gekauft. Folklore Musik. Und wir werden Mate Tee zusammen trinken.*
Frage: *Aber eher die Bilder sprechen lassen?*
Mann: *Ja eher die Bilder und auch noch die kleinen Geschichten am Rande. Wir schreiben auch so ein bisschen Reisetagebuch und ein paar Anekdoten. Aber viel mit Bildern. Meistens muss man es einfach auch selbst gesehen haben.*
Frau: *Ich glaube, wenn man das Bild sieht, weiß man nicht, wie das Land riecht, der Staub riecht und* [wie sich der] *Wind* [anfühlt].

Die subjektiven Erlebnisse, vermischt mit den imaginären Vorstellungen, lassen sich kaum artikulieren. Doch die Faszination derjenigen, die nach Patagonien gereist sind, lässt möglicherweise andere ihre Scheu überwinden und ihren Spuren folgen. Die Bilder und erzählten Anekdoten formen unter Umständen einen neuen *Mythos*. Zumindest aber dürften sie die Phantasie der Zuhörer anregen. Und vielleicht ist es gerade jene „Unformulierbarkeit", die das Interesse am meisten weckt und die Imaginationen evoziert:

> *„Diese Großartigkeit der ganzen Landschaft, die kann man nicht vermitteln. Oder man muss dichterisch vielleicht so begabt sein, wie Leute, die Bücher schreiben, die können das. Aber als Normalsterblicher,* [ist das] *schwer* [zu vermitteln]*"* (Interview T1).

Es scheint fast, als ob Patagonien nur glückliche Touristen heimkehren lässt. Oder anders formuliert: Die kollektiven Imaginationen werden gesucht, gefunden und erlebt.

Inwiefern dies tatsächlich der Fall ist, kann an dieser Stelle allerdings nicht abschließend beantwortet werden. Neben der geringen Stichprobe scheint auch möglich, dass bei langen und kostspieligen Reisen das Eingestehen eigener Unzufriedenheit schwer fällt. Es steht zu vermuten, dass der Prestigecharakter der Reise und die antizipierten Vorstellungen einen hohen Schutzwall formen, der negative Sichtweisen abhält oder umleitet. Denkbar ist auch, dass die starke Vorwegnahme der Reise und die anschließend damit verbundene Suche nach den bereits bekannten Bildern die Perspektive so einengt, dass eine realistische Evaluierung der Reise kaum noch möglich ist.

8 Tourismus in Patagonien: Zwischen Natur und Imaginationen – Ein Fazit

> *„Und als ich nach der langen Reise in Patagonien ankam, hatte ich das Gefühl, nirgendwo zu sein. Am erstaunlichsten war jedoch, dass ich immer noch in dieser Welt war – ich war monatelang südwärts gereist. Die Landschaft machte einen trostlosen Eindruck, aber es war nicht zu leugnen, dass sie lesbare Züge besaß und dass ich in ihr existierte. Das war eine Entdeckung – ihr Anblick. Ich dachte: Nirgendwo ist auch ein Ort."*
> (Paul Theroux, zitiert nach Chatwin, B./Theroux, P. 2001, S. 13)

Ziel dieser Arbeit war die Darstellung Patagoniens als touristische Destination. Anhand mehrerer Fallbeispiele wurden skizzenartig grundlegende Entwicklungen und aktuelle Strukturen herausgearbeitet. Es wurde aufgezeigt, dass die touristische Entwicklung im chilenischen Teil von Patagonien bisher sehr dynamisch verlaufen ist. Die hohen Wachstumsraten der Besucher sind, zumindest zum Teil, auf ein forciertes Marketing zurückzuführen. Damit versucht insbesondere die südlichste Region Chiles, Patagonien einerseits als eine touristische Marke für Naturtourismus zu etablieren. Andererseits findet damit auch ein Aneignungsprozess statt. Von chilenischer Seite wird versucht, Patagonien in der touristischen Wahrnehmung stärker mit Chile und damit vor allem mit der Kanalzone und den Gletschern im Bereich der kontinentalen Inlandseisfelder zu verknüpfen.

Dies ist jedoch nur ein kleiner Teil von Patagonien. Die weiten Steppen in Argentinien, die schon Darwin faszinierten, dienen zwar weiterhin als ein (publiziertes) Charakteristikum von Patagonien („Weite"). In touristischer Hinsicht spielen sie aber aktuell kaum eine Rolle. Die vor Ort geführten Interviews haben bestätigt, dass insbesondere die Bergszenerien und die Gletscher von touristischem Interesse sind. Allerdings stößt die bisherige infrastrukturelle Erschließung bereits heute an ihre Grenzen. Der Torres del Paine Nationalpark, eine verdinglichte Metapher für Patagonien, kann als metaphorische Reproduktion desselben dienen: Er hat zwar eine respektable Größe, doch nur wenige Punkte sind für Besucher erschlossen. Diese sind folglich, auch bedingt durch eine ausgeprägte Saisonalität, stark frequentiert. Die publizierte und daraufhin gesuchte Einsamkeit kann kaum noch gefunden werden, erste Unmutsbekundungen seitens der Touristen werden laut. Vielleicht gelingt es durch Neuerschließungen, den Besucherdruck sowohl in der Wahrnehmung der Touristen als auch in ökologischer Hinsicht abzumindern. Inwiefern sich dabei der oft proklamierte Natur- und Abenteuertourismus mit den (momentan vorhandenen) jährlich zweistelligen Zuwachsraten an Touristenankünften vereinbaren lässt, wird die Zukunft zeigen.

Ein weiteres Merkmal der Region sind die *„fast schon als dekadent zu bezeichnen*[den]*"* (Interview E1) touristischen Luxusprodukte wie das Explora Hotel, die Termas de Puyuhuapi oder das Kreuzfahrtschiff Mare Australis. Sie sind maßgeblich sowohl an der Erschließung der Region als auch an der Berichterstattung darüber beteiligt. Die hohe Akzeptanz zeigt, wie „Luxus" und „unberührte Natur" zu einem aus Sicht der Nachfrager äußerst attraktiven Produkt verwoben wurden.

Auch die Abgrenzung Patagoniens wurde thematisiert. Hier wurden zwei Prozesse offen gelegt. Einerseits existiert bis heute keine allgemein gültige Abgrenzung. Die Grenzen Patagoniens werden aktuell vor allem im touristischen Diskurs definiert und verschoben. Von der Größe der Destination ist auch das Reiseangebot und damit die mediale Kommunikationsvielfalt abhängig. Doch eine beliebige Vergrößerung scheint weder sinnvoll noch möglich, da neben der physischen auch eine imaginäre Grenze existiert. Erst wer beide überschreitet, ist endgültig in Patagonien, dem „Land der Freiheit", angekommen. Die Grenzziehung in Form einer äußeren und inneren Grenze verbindet das physische mit dem imaginären Patagonien. Letzteres lädt dabei das erste mit Vorstellungen, Phantasien und Projektionen auf und macht es in touristischer Hinsicht attraktiv.

„Der Trick", so glaubt Tony Wheeler, Gründer von Lonely Planet, *„ist zu genießen, was man sieht, ohne es von vorgefertigten, schöneren Bildern überlagern zu lassen"* (zitiert nach einem Interview mit ACKERMANN 2004, S. 136). Dieses Zitat verdeutlicht ein generelles Dilemma der touristischen Perzeption. Einerseits sind es oftmals (und im Besonderen in Patagonien) die schönen Bilder, die zum Reisen animieren. Andererseits soll sie der Reisende ausblenden, um nicht dem „Tourist Gaze", also dem touristischen Leitbild romantisierter Sichtweisen (vgl. URRY 2002 und PAGENSTECHER 1998a, S. 538) zu verfallen und um eine Enttäuschung zu vermeiden. Neben dem Eingeständnis, dass die Realität somit kaum besser sein kann als produzierte Bilder, scheint dieser Widerspruch jedoch schwer haltbar.

„Keine Erfahrung – so ungewöhnlich sie auch sein mag – nimmt nur das auf, was im Augenblick an diesem Ort im eigenen Gesichtsfeld erscheint, sondern ist überlagert und geprägt von eigenen und von kollektiven früheren Erfahrungen, von Traditionen, Symbolen und Klischees" (HEINRICHS 1993; zitiert nach KLEINSTEUBER 1997, S. 15).

Ein zweites Anliegen dieser Arbeit war der Versuch aufzuzeigen, dass nicht nur die subjektiven und kollektiven „Bilder" nicht ausgeblendet werden, sondern im Gegenteil, sie in den Köpfen der Reisenden stets präsent sind, gezielt aufgesucht werden und damit entscheidend sowohl zum Gelingen der Reise als auch zur räumlichen Formierung beitragen.

Dabei spielen touristische *Mythen* eine besondere Rolle. Diese werden von verschiedenen Akteuren mit unterschiedlichen Intentionen produziert und vom Leser subjektiv und imaginativ interpretiert. *Mythen* transportieren gesellschaftlich determinierte Weltanschauungen und sind somit Träger von Wertvorstellungen. Sie konstituieren in ihrer imaginativen Gesamtheit ein Raumimage, das touristisch in Wert gesetzt wird. Es kommt zu einer symbolischen Landschaftsformung. Kapitel 6 hat anhand einiger Beispiele aufgezeigt, wie die Medien Patagonien aktuell präsentieren und damit auch produzieren.

Die Gründe für einen Besuch Patagoniens sind vielfältig. Es finden sich dabei sowohl individuelle als auch kollektive Motivationsmuster. Ein Grund, der wohl zu den prägnantesten gerechnet werden muss, dürfte die Vorstellung vom „Ende der Welt" sein. Dieses primär aus einer eurozentrischen Perspektive stammende Attribut erleben die Touristen auf zwei Ebenen. Die erste Ebene ist die geographische Lage. Das südlichste Festland (ohne Antarktis) wird trotz vergleichbarer Breitenlage mit Deutschland als etwas Besonderes und Superlativistisches empfunden. Die südlichste Stadt oder der südlichste Kontinentalrand werden von den Touristen als Attribute verstärkt nachgefragt und konsumiert. Als Gründe dafür können einerseits die Suche nach Unberührtheit und damit Authentizität in der äußersten Peripherie gelten, andererseits aber auch die Suche nach Exklusivität und dem Besonderen. Es gibt nur eine „südlichste Stadt der Welt". Diese ist zwar innerhalb von 24 Stunden von Europa aus zu erreichen und vielleicht auch nicht besonders sehenswert, für den „Fernreisenden" aber schon aufgrund des Namens oder des Attributs der Einzigartigkeit ein lohnendes Ziel und Sammelobjekt. Die bisher vergleichsweise eher geringe touristische Erschließung und kollektive, idealisierte Naturvorstellungen im Sinne eines *„romantic gaze"* (URRY 2002, S. 44), verstärken die Attraktivität.

Damit verbunden ist eine zweite, imaginativ-konnotative Ebene. Erst auf dieser entfaltet das Ende der Welt seine volle Wirkung. Diese zweite Ebene ist geprägt durch die Vorstellungen eines „wilden" Patagoniens. Hier lassen sich noch Abenteuer erleben, man kann den Dreck spüren und Freiheit realisieren. Das schriftstellerische Nomadentum von Bruce CHATWIN und Paul THEROUX finden darin ebenso seinen Ausdruck wie die Berichte der extremen Expeditionen moderner Outdoor-Sportler auf die patagonischen Inlandseisfelder. In dieser „fremden Welt" warten die letzten weißen Flecken der Landkarte auf die (reisenden) Entdecker und Pioniere. Dabei vermischt sich die Geschichte des Ortes mit individuellen Einschreibungen und gesellschaftlichen Idealvorstellungen. Patagonien als touristisches Erlebnis wird imaginativ rekonstruiert, die produzierten Mythen verflechten sich mit den daraus resultierenden Imaginationen.

Damit bildet das Ende der Welt einen idealen touristischen Gegenpol zur Alltagswelt. Es ist räumlich davon abgegrenzt, offeriert aktuell akzeptierte Natur-„Bilder", bietet eine abenteuerträchtige Historie und lässt genügend Raum für individuelle Realisierungen von Imaginationen.

Dass solche Orte notwendig sind, bemerkte schon FOUCAULT (1991, S. 68). Er bezeichnete sie als „*Heterotopien*" und versteht darunter „*tatsächlich realisierte Utopien*", die als wirkliche und wirksame Orte wohl allen Kulturen immanent sind. Heterotopien haben eine wichtige gesellschaftliche Funktion, denn sie sind für FOUCAULT gleichbedeutend mit einem „*Imaginationsarsenal*". Sie bieten uns also die Möglichkeit, Phantasien auszuleben und zu träumen. Ohne solche Orte, so schließt FOUCAULT (ebda, S. 72) und bringt es damit passend auf den Punkt, „*versiegen die Träume*".

Abbildungsverzeichnis

Abbildung 1:	Hygrisches Profil durch Südpatagonien bei 53° südlicher Breite	18
Abbildung 2:	Übersicht und administrative Gliederung der Südspitze Amerikas	20
Abbildung 3:	Wirtschaftliche Bedeutung des Tourismus in Chile 2003	29
Abbildung 4:	Anzahl deutscher Touristen, die nach Chile reisen	30
Abbildung 5:	Touristische Orte und ihre Relevanz	33
Abbildung 6:	Gästebetten in El Calafate	38
Abbildung 7:	Perito Moreno Gletscher	39
Abbildung 8:	We are not in Lonely Planet…	44
Abbildung 9:	Haupthaus der Estancia Rio Penitente	47
Abbildung 10:	Explora Hotel Salto Chico	48
Abbildung 11:	Nationalpark Torres del Paine	51
Abbildung 12:	Besucherentwicklung (Ankünfte) im Nationalpark Torres del Paine 1983-2004	52
Abbildung 13:	Besucher im Torres del Paine Nationalpark im Jahresverlauf 2004	53
Abbildung 14:	Besucherstärkste Nationen im Torres del Paine Nationalpark, 1993–2003	54
Abbildung 15:	„Wo beginnt Patagonien im Norden?" Interviews Touristen	64
Abbildung 16:	„Wo beginnt Patagonien im Norden?" Interviws Experten	65
Abbildung 17:	„Mythologisches System" nach Barthes	75
Abbildung 18:	Raum-Sinnbildungsprozess im Kontext des Tourismus	78
Abbildung 19:	Termas de Puyuhuapi	101
Abbildung 20:	Bereiste Länder der interviewten Touristen	106
Abbildung 21:	Mit was könnte man Patagonien vergleichen?	106
Abbildung 22:	Was fällt Ihnen spontan zu Patagonien ein?	108
Abbildung 23:	Das „Ende der Welt" aus europäischer Sicht	116

Tabellenverzeichnis

Tabelle 1:	Geführte Experteninterviews	16
Tabelle 2:	Überblick über jährliche Zuzüge europäischer Immigranten in die Region Magallanes zwischen 1885 und 1920	24
Tabelle 3:	Zeittafel – Nationalpark Torres del Paine	51
Tabelle 4:	Darstellungsmerkmale über Patagonien	97
Tabelle 5:	Überblick über die interviewten Touristen	105
Tabelle 6:	Häufigste Antworten auf die Frage: Empfehlen Sie drei Dinge, die man in Patagonien gesehen oder gemacht haben muss.	109

Literaturverzeichnis

Monographien, Aufsätze und Artikel

Ackermann, Birgit (2004): „Ich kann kein Geheimnis für mich behalten". In: NEON, Juli/August 2004, S. 134–136.
Aitchison, Cara/MacCloud, Nicola E./Shaw, Stephen J. (2000): Leisure and tourism landscapes. Social and cultural geographies. london, New York.
Arias, Maria (2003): Santa Cruz será el boom de la Patagonia. In: La Nacion, 15.12.2003.
Asal, Susanne/Stadler, Hubert (2000): Patagonien. Begegnung mit dem Horizont. In: Bucher Verlag (Hrsg.): Patagonien. Begegnung mit dem Horizont. München.
Bähr, Jürgen (1981): Chile. Stuttgart.
Barthes, Roland (2003): Mythen des Alltags. Frankfurt am Main.
Beck, Olaf (2004): Editorial. In: Outdoor, 07/2004, S. 3.
Bednarz, Klaus (2004): Am Ende der Welt. Eine Reise durch Feuerland und Patagonien. Berlin.
Benavides, Juan/Martinic, Mateo B./Pizzi, Marcela K./Valenzuela, María Paz B.(1999): Las estancias magallánicas. Santiago de Chile.
Berge (Magazin): Patagonien. Das Wilde Ende der Welt. Nr.1/2005.
Bird, Junius (1946): The archeology of Patagonia. In: Steward, Julian H. (Hrsg.): Handbook of South American Indians. Volume 1: The marginal Tribes. Washington, S. 17–24.
Birkeland, Inger (1999): The Mytho-Poetic in Northern Travel. In: Crouch, David (Hrsg.): Leisure/Tourism Geographies. London, New York, S. 17–33.
Bollhöfer, Björn (2003): Stadt und Film – Neue Herausforderungen für die Kulturgeographie. In: Petermanns Geographische Mitteilungen, 147, 2003/2, S. 54–59.
Bonfadelli, Heinz (2002): Medieninhaltsforschung. Grundlagen, Methoden, Anwendungen. Konstanz.
Borghardt, Jörg (2002): Raumbilder und „imaginäre Räume". Eine Kategorie tourismusbezogener Raumanalyse. In: Borghardt, Jörg/Meltzner, Lutz/Roeder, Stefanie et al. (Hrsg.): ReiseRäume. Touristische Entwicklung und räumliche Planung. Dortmund.
Borsdorf, Axel (1987): Grenzen und Möglichkeiten der räumlichen Entwicklung in Westpatagonien am Beispiel der Region Aisén. Stuttgart.
Borsdorf, Axel (1985): Patagonien und Feuerland. Ein jugendlicher Kulturraum. In: Die Karawane, 26 Jg. Heft 3/4, S. 76–100.
Brown, Frances/Hall, Derek (2000): Introduction: The Paradox of Peripherality. In: Brown, Frances/Hall, Derek (Hrsg.): Tourism in pheripheral Areas: Case Sudies. Clevedon, S. 1–6.
Brunswig, María (1995): Alla en la Patagonia. Buenos Aires.
Brustat-Naval, Fritz (1975): Die Kap Hoorn Saga. Auf Segelschiffen am Ende der Welt. Göttingen.
Bühler, Karin (2005): Land ohne Grenzen. In Patagonien herrscht Freiheit, Kargheit, Einsamkeit. In: Süddeutsche Zeitung, 18.01.2005.

BÜNSTDORF, Jürgen (1992): Argentinien. Stuttgart.
CASTILLO, Alberto del (2004): Das Dorf am Ende der Strasse. In: Dauer, Tom (Hrsg.): Cerro Torre. Mythos Patagonien. Zürich, S. 95–105.
CHATWIN, Bruce (2001): In Patagonien. Reise in ein fernes Land. Reinbek bei Hamburg.
CHATWIN, Bruce/THEROUX, Paul (2001): Wiedersehen mit Patagonien. München, Wien.
CLOKE, Paul/COOK, Ian/CRANG, Philip/GOODWIN, Mark/PAINTER, Joe/PHILO, Chris (2004): Practising Human Geography. London, Thousand Oaks, New Dehli.
COLLIER, Simon/BLAKEMORE, Harold/DRAKE, Paul et al. (1993): Chile since Independence. Cambridge.
COLOME, Miriam Ulloa/AGUILAR, Miguel Oyarzo (2001): Sector turismo: Futuro Regional. Punta Arenas.
DÄMMRICH, Elke/MACH, Wolfgang (1999): Patagonia. Weite, Wind und Wolken. Bad Waldsee.
DARWIN, Charles (1983): The voyage of the Beagle. London.
DAUER, Tom (2004a): Das Nirgendwo ist auch ein Ort. In: Frankfurter Allgemeine Zeitung, 27.05.2004.
DAUER, Tom (2004b): Das Ende der Welt im Zentrum der Aufmerksamkeit. In: ders. (Hrsg.): Cerro Torre. Mythos Patagonien. Zürich, S. 15–20.
DAUER, Tom (2004c): Cerro Torre. Mythos Patagonien. Zürich.
DELABORDE, Jean/LOOFS, Helmut (1978): Am Rande der Welt. Patagonien und Feuerland. Frankfurt am Main.
DREYER-EIMBCKE, Oswald (1996): Auf den Spuren der Entdecker am südlichsten Ende der Welt: Meilensteine der Entdeckungs- und Kartographiegeschichte vom 16. bis 20. Jahrhundert. Gotha.
ECO, Umberto (2002): Einführung in die Semiotik. München.
ENDLICHER, Winfried (1991): Südpatagonien. Klima- und agrarökologische Probleme an der Magellanstraße. In: Geographische Rundschau, 43/3, S. 143–151.
ENZENSBERGER, Hans Magnus (1958): Eine Theorie des Tourismus. In: ders. (1979): Einzelheiten I Bewusstseins-Industrie. Frankfurt am Main, S. 179–205.
ERIKSEN, Wolfgang (1970): Kolonisation und Tourismus in Ostpatagonien. Bonn.
ESPEY, David (1998): Childhood and Travel Literature. In: Williams, Carol Traynor (ed.): Travel culture: essays on what makes us go. Westport, S. 51–57.
FLICK, Uwe (1991): Handbuch qualitative Sozialforschung: Grundlagen, Konzepte, Methoden und Anwendungen. München.
FLICK, Uwe (2000): Konstruktivismus. In: Flick, Uwe/von Kardoff, Ernst/Steinke, Ines (Hrsg.): Qualitative Forschung. Ein Handbuch. Reinbek bei Hamburg, S. 150–163.
FLICK, Uwe (2002): Qualitative Sozialforschung. Eine Einführung. Reinbek bei Hamburg.
FOUCAULT, Michel (1991): Andere Räume. In: Wentz, Martin (Hrsg.): Stadt-Räume. Frankfurt am Main, New York, S. 65–72.
FUITH, Ute (2002): Reise ins Nichts. In: FM – Fach-Magazin für Touristik, Gastronomie, Hotellerie, 20. Jg./1, S. 82–84.
GANTZHORN, Ralf (2004a): Patagonien. Trekking Guide. München.
GANTZHORN, Ralf (2005): Patagoniens andere Seite. In: terra Heft 2/2005, S. 12–27.

GANTZHORN, Ralf (1999): Patagonien, nicht nur für harte Männer. In: Tours, 04/1999, S. 34–39.
GANTZHORN, Ralf (2004b): Wildes Land. Eine Outdoor Rundreise durch Patagonien. In: Outdoor, 07/2004, S. 16–31.
GEO (1998): Der Ruf der Wildnis. 12/1998, S. 142–168.
GEO (1991): Patagonien: Am Zeh der Erde. 09/1981, S. 8–32.
GEO (1998): Patagonien im rauhen Reich der Gauchos. 12/1998, S. 20–44.
GEO (2004): Patagonien. In der Festung des Windes. 08/2004, S. 14–38.
GOTTSCHALK, Manfred (1981): Patagonien. Rauhes Land im Süden. München, Wien.
GRAUMANN, Carl F./MÉTRAUX, Alexandre/SCHNEIDER, Gerd (1991): Ansätze des Sinnverstehens. In: Flick, Uwe (Hrsg.): Handbuch qualitative Sozialforschung. München, S. 67–77.
GROSSKLAUS, Götz (1983): Der Naturtraum des Kulturbürgers. In: Großklaus, Götz/Oldemeyer, Ernst (Hrsg.): Natur als Gegenwelt. Beiträge zur Kulturgeschichte der Natur. Karlsruhe, S. 169–196.
HABERMANN, Eva (2003): Nationalparks und Naturschutz in Chile. Gnas.
HALL, Stuart (1997a): Introduction. In: Hall, Stuart (Hrsg.): Representation. Cultural Representations and signifying practises. London, Thousand Oaks, New Dehli, S. 1–12.
HALL, Stuart (1997b): The work of representation. In: Hall, Stuart (Hrsg.): Representation. Cultural Representations and signifying Practises. London, Thousand Oaks, New Dehli, S. 13–74.
HALL, Michael C. (2004): Geography, Marketing and the selling of Places. In: Williams, Stephen (Hrsg.): Tourism. Critical Concepts in the Social Sciences. Volume I. London, New York, S. 283–304.
HARD, Gerhard (1983): Zu Begriff und Geschichte der »Natur« in der Geographie des 19. und 20. Jahrhunderts. In: Großklaus, Götz/Oldemeyer, Ernst (Hrsg.): Natur als Gegenwelt. Beiträge zur Kulturgeschichte der Natur. Karlsruhe, S. 139–168.
HARTMANN, Klaus (1982): Zur Psychologie des Landschaftserlebens im Tourismus. Starnberg.
HARRISON, John (2002): Wo das Land zu Ende ist. Von Patagonien in die Antarktis. München.
HAUPTMEIER, Ariel (2004): Patagonien. In: GeoSaison, 09/2004, S. 18–57.
HENNESSY, Alistair (1978): The frontier in Latin American History. London.
HENNIG, Christoph (1998a): Die Mythen des Tourismus. In: Die Zeit, 27/1998.
HENNIG, Christoph (1998b): Editorial: Reisen und Imagination. In: Voyage – Jahrbuch für Reise- & Tourismusforschung, S. 7–9.
HENNIG, Christoph (1997): Jenseits des Alltags. In: Voyage – Jahrbuch für Reise- & Tourismusforschung, S. 35–53.
HENNIG, Christoph (1999a): Reiselust. Touristen, Tourismus und Urlaubskultur. Frankfurt am Main, Leipzig.
HENNIG, Christoph (1999b): Die Botschaft der Bilder. Illustrationen in Reiseführern – eine empirische Untersuchung. In: Franzmann, Bodo (Hrsg.): Reisezeit – Lesezeit. Dokumentation der Reiseliteratur-Fachtagung der Stiftung Lesen in Apolda, Weimar und Leipzig (1996–1999). Mainz, S. 47–59.
HERMANN, Heinz-Dieter (2000): Entwicklungspotenzial und Naturgefährdung entlang der Carretera Austral in Westpatagonien. Berlin.

HERMANN, Melville (1977): Moby Dick. Würzburg.
HOSNE, Roberto (2002): Patagonia. Leyenda y realidad. Buenos Aires.
HUDSON, William Henry (1984): Idle days in Patagonia. London.
HUTT, Michael (1998): Auf der Suche nach Shangri-La. In: Voyage – Jahrbuch für Reise- & Tourismusforschung, S. 72–84.
IMG (Instituto Geografico Militar; 1987): Geografia XII Region de Magallanes y de la Antártica chilena. Santiago de Chile.
JOSEPHS, Gerd (1999): Das Eis des Südens. Eine Reise nach Feuerland, Patagonien und in die Antarktis. Frankfurt am Main.
KALTENBACH, Hubert (2002): Mit lautem Getöse kalbt der Gletscher ins Meer. In: Südwestpresse, 28.12.2002.
KAZMAIER, Uwe (2002): Torres del Paine Circuit. In: Terra, 03/2002, S. 16–31.
KEMPER, Franz-Josef (2003): Landschaften, Texte, soziale Praktiken – Wege der angelsächsischen Kulturgeographie. In: Petermanns Geographische Mitteilungen, 147, 2003/2, S. 6–15.
KINNINGER, Peter (2003): Reise zum Horizont. In: Tours, 06/2003, S. 12–18.
KLEINSTEUBER, Hans J. (1997): Reisejournalismus. Eine Einführung. Opladen.
KLEINSTEUBER, Hans J./LÜHMANN, Diana (2001): Reisejournalismus: Phantasieprodukte für den Ohrensessel? In: Tourismus Journal 5. Jg. Heft 1, S. 97–113.
KNOX, Paul L./MARTSON, Sallie A.(2001): Humangeographie. Heidelberg, Berlin.
KODAKOS, Anastassios (1993): Menschen brauchen Mythen. Eine Studie zum Bildungswert des Mythos. Stuttgart.
KROEBER-RIEL, Werner (1996): Bildkommunikation: Imagerystrategien für die Werbung. München.
KUHN, Oliver (2003): Am Ende der Welt. In: Playboy, 05/2003, S. 42–50.
La Prensa Austral (2003): Queja del sector turístico, 11.12.2003.
La Prensa Austral (2003): Trabajarán en camino al Grey, 12.12.2003.
LINDEN, Peter (2000): Wie Texte wirken. Anleitung zur Analyse journalistischer Sprache. Berlin.
LOSSAU, Julia (2003): Geographische Repräsentationen: Skizze einer anderen Geographie. In: Gebhardt, Hans/Reuber, Paul/Wolkersdorfer, Günter (Hrsg.): Kulturgeographie. Aktuelle Ansätze und Entwicklungen. Heidelberg, Berlin, S. 101–111.
LUIG, Ute (2002a): Einleitung. In: ders. (Hrsg.): Natur in der Moderne. Interdisziplinäre Ansichten. Berlin, S. 1–22.
LUIG, Ute (2002b): Die Victoriafälle: Touristische Eroberung, Vermarktung und Inszenierung von Natur. In: ders. (Hrsg.): Natur in der Moderne. Interdisziplinäre Ansichten. Berlin, S. 255–274.
LUTZ, Ronald (2001): Zwischen Authentizität und Inszenierung: Duelle mit der Natur. In: Köck, Christoph (Hrsg.): Produktion und Reproduktion touristischer Wahrnehmung. Münster, New York, München, Berlin, S. 167–182.
MACCANNELL, Dean (1999): The Tourist. A new Theory of the leisure class. New York.
MARTINIC, Iván (2003): Proponen plan global para fomento del turismo. In: El Mercurio, 29.12.2003.
MARTINIC, Mateo B. (1999): Cartografia Magallanica 1523–1945. Punta Arenas.

MARTINIC, Mateo B. (1992): Historia de la Region Magallanica. Vol. II. Punta Arenas.
MARTINIC, Mateo B. (1980): Patagonia de ayer y de hoy. Punta Arenas.
MARTINIC, Mateo B. (1985): Ultima Esperanza en el tiempo. Punta Arenas.
MATUSSEK, Mathias (2002): Das Abenteuer Stille. In: Spiegel Online (http://www.spiegel.de), zuletzt abgerufen: 16.09.2004.
MAYRING, Philipp (2002): Einführung in die qualitative Sozialforschung: eine Anleitung zu qualitativem Denken. München.
Merian (1996): Chile, Patagonien. 02/1996.
MILLS, Sara (1997): Discourse. London, New York.
MITCHELL, Don (2000): Cultural Geograhy: a critical introduction. Oxford, Malden.
MUNDT, Jörn W. (2001): Einführung in den Tourismus. München, Wien, Oldenburg.
MUSTERS, Georg Chaworth (1873): Unter den Patagoniern. Jena.
National Geographic (2000): Die Eiswand am Ende der Welt. 03/2000, S. 130–149.
National Geographic (2004): Im Eis. 08/2004, S. 128–145.
National Geographic (2004): Patagonien. Wo die rauhen Winde wehen. 03/2004, S. 36–63.
OBERT, Michael/PIEPENBURG, Conrad (2005): Carretera Austral. Strasse der Wunder. In: Geo-Saison, 04/2005, S. 22–37.
OPASCHOWSKI, Horst W. (1999): Tourismus im 21. Jahrhundert. Hamburg.
PAGENSTECHER, Cord (1998a): Enzensberger Tourismusessay von 1958 – ein Forschungsprogramm für 1998? In: Tourismus Journal, 2. Jg. Heft 4, S. 533–552.
PAGENSTECHER, Cord (1998b): Neue Ansätze für die Tourismusgeschichte. Ein Literaturbericht. In: Archiv für Sozialgeschichte, 38. Jg., S. 591–619.
PFISTER, Manfred (1996): Bruce Chatwin and the Postmodernization ot the Travelogue. In: LIT, Vol. 7, S. 253–267.
PIGAFETTA, Antonio (1978): Die erste Reise um die Welt 1519–1522. Tübingen, Basel.
PLADECO (Plan de Desarrollo, Comuna de Natales) 2003. Puerto Natales.
POCOCK, Douglas (1995): Being there: imagination in Human Geography. University of Durham.
POSCHARDT, Ulf (2000): Cool. Hamburg.
RAMER, Ulrich (1987): Mythos und Kommunikation. Frankfurt am Main.
REIMER, Gwen Dianne (1990): Packaging Dreams. Canadian Tour Operators at Work. In: Annals of Tourism Research, Vol. 17, S. 501–512.
REUTER, Sabine (2005): Kaiser Wilhelms Baumfriedhof. Mit dem Katamaran in die Fjorde: Deutsche an der Carretera Austral, der Straße in den wilden Süden von Patagonien. In: Süddeutsche Zeitung, 18.01.2005.
REY BALMACED, Raul C. (1976): Geografia Historica de la Patagonia (1870–1960). Buenos Aires.
ROHMEDER, W. (1943): Argentinien. Eine landeskundliche Einführung. Buenos Aires.
SAN JUAN BOSCO (1986): La Patagonia y las tierras australes del continente americano. Bahia Blanca (Argentinien).
SAHR, Wolf-Dietrich (2003): Zeichen und RaumWELTEN – zur Geographie des Kulturellen. In: Petermanns Geographische Mitteilungen, 147, 2003/2, S. 18–27.
SAINT-EXUPÉRY, Antoine de (2002): Wind, Sand und Sterne. Düsseldorf.

Schama, Simon (1996): Der Traum von der Wildnis: Natur als Imagination. München.
Scheibler, Julia (2004): Wie am ersten Schöpfungstag. In: Die Welt, 16.01.2004.
Schenk, Bobby (1994): 80000 Meilen und Kap Hoorn: ein Seglerleben. Bielefeld.
Schmidt, Friedrich (1999): Im Land des Windes und der jagenden Wolke. In: Tours, Abenteuer Magazin, 04/1999, S. 26–32.
Schrutka-Rechtenstamm, Adelheid (2001): „Die ursprünglichen Kreisläufe wieder schließen" Touristische Bilder von Natur. In: Köck, Christoph (Hrsg.): Reisebilder: Produktion und Reproduktion touristischer Reisebilder. Münster, New York, München, Berlin, S. 21–30.
Schrutka-Rechtenstamm, Adelheid (1998): Sehnsucht nach Natürlichkeit. Voyage – Jahrbuch für Reise- & Tourismusforschung, S. 85–96.
Schütze, Jochen K. (1998): Es gibt keinen Grund, das Reisen den Büchern vorzuziehen. In: Voyage – Jahrbuch für Reise- & Tourismusforschung, S. 50–52.
Schütze, Jochen K. (1999): Erfindung des Fremden beim Reisen. In: Franzmann, Bodo (Hrsg.): Reisezeit – Lesezeit. Dokumentation der Reiseliteratur – Fachtagung der Stiftung Lesen in Apolda, Weimar und Leipzig (1996–1999). Mainz, S. 47–59.
Schultheiss, Oliver (1996): Imagination, Motivation und Verhalten. Erlangen, Nürnberg.
Schulze, Gerhard (2003): Die Beste aller Welten. München, Wien.
Scott, Julie (2000): Peripheries, Artificial Peripheries and Centres. In: Brown, Frances/Hall, Derek (Hrsg.): Tourism in pheripheral Areas: Case Sudies. Clevedon, S. 58–73.
Sepúlveda, Luis (1998): Patagonien Express. Notizen einer Reise. Frankfurt am Main.
Sernatur (Hrsg., 2000): Anuario de Turismo 1999. Santiago de Chile.
Sernatur (Hrsg., 2003): Anuario de Turismo 2002. Santiago de Chile.
Sernatur (Hrsg; 2004): Anuario de Turismo 2003. Santiago de Chile.
Sernatur (Hrsg., 1998): Politica Nacional de Turismo. Santiago de Chile.
Sernatur Dirección Regional Magallanes y Antártica Chilena (Hrsg.): El turismo en Magallanes. Estadisticas 1990–2000. Punta Arenas.
Shakespeare, Nicholas (2000): Bruce Chatwin, eine Biographie. Reinbek bei Hamburg.
Shields, Rob (1991): Places on the margin: alternative geographies of modernity. London.
Spörri, Hansruedi (1993): Werbung und Topik: Textanalyse und Diskurskritik. Bern.
Steffen, Hans (1919): Westpatagonien. Die patagonischen Kordilleren und ihre Randgebiete. Band I und II. Berlin.
Strinati, Dominic (1995): An Introduction to theories of popular culture. London.
Stolzmann, Uwe (2002): Die Lügen und die Leere. In: NZZ Online (http://www.nzz.ch), zuletzt abgerufen: 16.09.2004.
Süddeutsche Zeitung (2003): In South und Braus, 07./08./09.06.2004.
Swarbrooke, John/Beard, Colin/Leckie, Suzanne et al. (2003): Adventure Tourism. The new frontier. Burlington.
Tepe, Peter (2001): Mythos & Literatur. Aufbau einer literaturwissenschaftlichen Mythosforschung. Würzburg.
Theroux, Paul (2003): Der alte Patagonien-Express. München.
Ulrich, Matthias (1995): Patagonien-Passage. Auf Bruce Chatwins Spuren. Remseck.
Urry, John (1995): Consuming places. New York.
Urry, John (2002): The Tourist Gaze. London, Thousank Oaks, New Dehli.

VERNE, Jules (1970): Die Kinder des Kapitäns Grant. Stuttgart, München.
VESTER, Heinz-Günter (1993): Authentizität. In: Hahn, Heinz/Kagelmann, Jürgen H. (Hrsg.): Tourismuspsychologie und Tourismussoziologie: Ein Handbuch. München, S. 122–124.
VILLIERS, Alan (1956): Rund Kap Hoorn. Wiesbaden.
WALLA, Julia (2004): Reise-Imaginationen. Ein Beitrag zur Imaginären Geographie anhand der Reisesendung Voxtours. Unveröffentlichte Diplomarbeit an der Mathematisch-Geographischen Fakultät der Katholischen Universität Eichstätt-Ingolstadt.
WANG, Ning (2000): Tourism and modernity. Amsterdam, Lausanne, New York, Oxford, Shannon, Singapore, Tokio.
WARNOCK, Mary (1976): Imagination. London.
WHEELER, Sarah (2002): Unterwegs in einem schmalen Land. München.
WINTER, Michael (2005): Halluzinationen auf dem Mars. Die „Explora Hotels" in Patagonien und San Pedro de Atacama haben ein gnadenloses Konzept für Aktivurlaub. In: Süddeutsche Zeitung, 01.03.2005.
WÖHLER, Karlheiz (1998): Imagekonstruktion fremder Räume. In: Voyage – Jahrbuch für Reise- & Tourismusforschung, S. 97–114.
World Tourism Organization (Hrsg., 2000): Tourism 2020 Vision, Volume 2: Americas. Madrid.
WORMBS, Brigitte (1981): Über den Umgang mit Natur. Landschaft zwischen Illusion und Ideal. Frankfurt am Main.
WUCHERPFENNIG, Claudia/STRÜVER, Anke/BAURIEDL, Sybille (2003): Wesens- und Wissenswelten – Eine Exkursion in die Praxis der Repräsentation. In: Hasse, Jürgen/Helbrecht, Ilse (Hrsg.): Menschbilder in der Humangeographie. Oldenburg, S. 55–88.
XIE, Philip Feifan/SCHNEIDER, Paige P. (2004): Challenges and Opportunities for Adventure Tourism. The Case of Patagonia, Chile. In: Tourism Recreation Research Vol. 29, No. 1, S. 57–65.

Reiseführer und Reisekataloge

APA Guides (1997): Chile. (Autor: Perrottet, Tony) München.
Lonely Planet (2000): Chile and Easter Island (Autor: Bernhardson, Wayne) Victoria.
Lonely Planet (2003): Chile and Easter Island (Autoren: Hubbard, Carolyn/Barta, Brigitte/Davis, Jeff) Victoria.
Marco Polo (Hrsg., 1993): Feuerland, Patagonien. Ostfildern.
MÖBIUS, Michael/STER, Annette (2001): Patagonien mit Feuerland selbst entdecken. Konstanz.
Polyglott on Tour (2001): Chile (Autor: Reiswitz, Nora von) München.
Reise Know-How (2000): Chile und die Osterinsel (Autor: Wessel Günther) Bielefeld.
Turistel (2003): La guía turística de Chile. Sur.

- ASI (Alpin Schule Insbruck): Wanderreisen 2002–2003
- Akzente Reisen: Chile Argentinien 2002/2003 (2003/2004; 2004/2005)
- Best of (Chile): Chile Südamerika 2003.

Literaturverzeichnis

- Big Foot: Adventure Patagonia
- Chamäleon Reisen: Afrika, Ozeanien, Amerika, Asien 2003–2004
- Cono Sur: Südamerika 2003/2004
- Dertour: Mexiko Lateinamerika 1.05.2003–31.10.2004
- Dertour: Mexiko Lateinamerika 1.11.2003–30.4.2004
- Dertour: Mexiko Lateinamerika 1.05.2004–31.10.2004
- Gaucho Tours: Unterwegs in Südamerika. 2004–2006
- Hauser Exkursionen: Die Welt und sich selbst erleben... 2003
- Ikarus Tours: Ferne Welten 2003
- Intertreck/Water Ways: Trekking 2003
- Karawane Reisen: Erlebnis Studienreise 2003
- Kiwi Tours: Geführte Rundreisen 2003/2004
- Kondor Tours: Südamerika Expeditionen 2002–2005
- Marco Polo Reisen: Entdeckerreisen 2003/2004
- Marco Polo Reisen: Individuell 2003
- Miller Reisen: Südamerika, Mittelamerika 2003 (2004)
- Miller Reisen: Argentinien & Chile 2004 (2005)
- One World: 2003/2004 Erlebnisreisen weltweit
- One World: 2004/2005 Inselträume, Ferne Welten, Für Körper und Seele, Europa aktiv, Stadtleben
- Rotel Tours: Studienreisen, Expeditionsreisen, Die größten Busreisen der Welt, 2003
- Studiosus: Intensiver Leben, Afrika, Amerika, Asien, Australien 2003/2004
- Wigwam: Die Wildnisse der Welt 2004–2006
- Wikinger Reisen: Erlebnis Fernreisen 2003
- Windrose: Reisehandbuch 2003/2004 Afrika, Arabien, Asien, Australien, Amerika, Kreuzfahrten
- World Insight: 2003

Broschüren und Prospekte

- Azimut 360
- Cruceros Australis: Expedition nach Patagonien und Feuerland
- Explora en Patagonia
- Explora: Art of Travel
- Hostería Estancia Río Penitente
- LanChile: Chile
- TravelArt Expediciones
- Patagonia Chile: Natur und Abenteuer
- Patagonia Chile: Puerto Natales y Torres del Paine
- Patagonia Chile: Punta Arenas
- Patagonia Connection: Termas de Puyuhuapi Hotel & Spa
- Patagonien Argentinien: Neuquén

Internetseiten

http://www.aonikenk.com (Tour Operator in Punta Arenas)
http://www. bigfoot.com (Tour Operatur in Puerto Natales)
http://www.chileaustral.com/penitente (Internetseite Estancia Río Penitente)
http://www.conaf.cl (nationale Forstkörperschaft, Verwaltung der Nationalparke)
http://www.explora.com (Explora Hotel)
http://www.indec.gov.ar (Statistisches Amt Argentinien)
http://www.ine.cl (Statistisches Amt Chile)
http://www.interpatagonia.com (argentinische Internetseite über Patagonien)
http://www.patagonia-chile.com (chilenische Internetseite über Patagonien)
http://www.patagonia-connection.com (Termas de Puyuhuapi)
http://www.sernatur.cl (Staatliche Tourismusbehörde von Chile)
http://www.torresdelpaine.com (Internetseite über den Nationalpark Torres del Paine

Eichstätter Tourismuswissenschaftliche Beiträge

Band 1: Scherle, Nicolai: Gedruckte Urlaubswelten: Kulturdarstellungen in Reiseführern. Das Beispiel Marokko. 2000.

Band 2: Küblböck, Stefan: Zwischen Erlebniswelten und Umweltbildung. Informationszentren in Nationalparken, Naturparken und Biosphärenreservaten. 2001.

Band 3: Fuchs, Thomas: Canyoning – Aspekte des Abenteuersporttourismus in der Erlebnisgesellschaft. 2003.

Band 4: Rulle, Monika: Der Gesundheitstourismus in Europa – Entwicklungstendenzen und Diversifikationsstrategien. 2004.

Band 5: Küblböck, Stefan: Urlaub im Club – Zugänge zum Verständnis künstlicher Ferienwelten. 2005.

Band 6: Hauswald, Oliver: Mythos Patagonien – Tourismus und Imaginationen am Ende der Welt. 2006.